Métricas Urbanas:

Abordagens paramétricas para o planejamento de bairros e cidades sustentáveis

Autor

Fernando Lima

Editor

João Gaspar

São Paulo

2019

1ª Edição

Edição: ProBooks

Co-edição: Editora UFJF

Catálogo na Publicação (CIP)
Ficha catalográfica feita pelo editor

L732m Araújo Lima, Fernando Tadeu de, 1980-
Métricas Urbanas: Abordagens paramétricas para o planejamento de bairros e cidades sustentáveis/ Fernando Tadeu de Araújo Lima - São Paulo: ProBooks, Editora UFJF, 2019.

176 p. : il. 21,5 cm.

ISBN: 978-85-61453-59-6

1. Urbanismo / Planejamento urbano.2. Técnicas baseadas em computadores e orientadas para aplicações I. Título. II. Autor.

CDD 22.ed: 711.4
CDU: 711:004.9(078)

Métricas Urbanas:

Abordagens paramétricas para o planejamento de bairros e cidades sustentáveis

Fernando Lima

Esta obra é uma versão da tese "**MÉTRICAS URBANAS: Sistema (para)métrico para análise e otimização de configurações urbanas de acordo com métricas de avaliação de desempenho**", defendida por Fernando Lima em abril de 2017, como parte de seu processo de doutoramento pelo Programa de Pós-Graduação em Urbanismo da UFRJ.

A orientação foi realizada pelo Prof. Dr. José Ripper Kós, com co-orientação do Prof. Dr. Rodrigo Cury Paraízo.

Esta tese recebeu **Menção Honrosa** no **Prêmio CAPES de Tese 2018**, categoria Arquitetura, Urbanismo e Design.

O livro **Métricas Urbanas: Abordagens paramétricas para o planejamento de bairros e cidades sustentáveis** foi avaliado e aprovado pelo **Conselho Editorial da Editora UFJF**, que assina a co-edição desta obra em parceria com a ProBooks Editora.

O livro recebeu os apoios institucionais do:

Laboratório de Investigação em Arquitetura e Urbanismo – DOMVS CNPq – Faculdade de Arquitetura Urbanismo da Universidade Federal de Juiz de Fora (UFJF)

PROURB – Programa de Pos-Graduação Em Urbanismo da Universidade Federal do Rio de Janeiro (UFRJ)

CIAUD – Centro de investigação em Arquitetura, Urbanismo e Design da Faculdade de Arquitetura da Universidade de Lisboa (FA-ULisboa)

A ProBooks Editora agradece ao Conselho Editorial da Editora UFJF pela parceria na co-edição e aos apoios institucionais do DOMVS CNPq (UFJF), PROURB (UFRJ) e CIAUD (FA-ULisboa).

ProBooks

ProBooks Editora
R. Cláudio Soares, 72 - cj. 1118
05422-030 São Paulo - SP
Tel (11) 3711 5145
probooks@probooks.com.br
www.probooks.com.br

IMPRESSO NO BRASIL
PRINTED IN BRAZIL

Aos meus filhos João Fernando e Antônia,
cuja saudade eu trago sempre comigo.
Às minhas filhas Manuela e Rafaela,
que fazem tudo valer a pena.

Agradecimentos

Ao PROURB – Programa de pós-graduação em Urbanismo da Universidade Federal do Rio de Janeiro e a todo o grupo de professores, funcionários e colegas de doutorado que me ajudaram durante toda esta longa jornada.

Ao CNPq – Conselho Nacional de Desenvolvimento Científico e Tecnológico, pelo suporte financeiro através da bolsa de estudos outorgada para o meu período de doutoramento sanduíche na Faculdade de Arquitetura da Universidade de Lisboa.

Ao CIAUD – Centro de Investigação em Arquitetura, Urbanismo e Design da Universidade de Lisboa, pelo apoio financeiro que me permitiu participar e apresentar trabalhos em importantes eventos internacionais, o que foi de grande contribuição para o desenvolvimento desta investigação.

Ao meu orientador, Prof. Dr. José Ripper Kós, pelo apoio e confiança em mim depositados e por ter sido o primeiro a incentivar meu período de doutoramento sanduíche.

Ao meu co-orientador, Prof. Dr. Rodrigo Cury Paraízo, pelas preciosas contribuições a esta pesquisa e por me acompanhar desde o princípio.

Ao Prof. Dr. Nuno Montenegro, meu supervisor em Portugal, pelo aprendizado, pela amizade e pelo inestimável apoio ao desenvolvimento deste.

Aos professores que gentilmente aceitaram o convite para compor a banca de defesa da tese que deu origem a este livro: prof. Dr. Ricardo Esteves, prof. Dr. Naylor Vilas Boas e profa. Dra. Gabriela Celani, por ter fomentado em mim o desejo de estudar sobre *Design Computing* e pelos generosos comentários tecidos por ocasião da defesa da tese.

Aos Professores Doutores José Pinto Duarte e José Nuno Beirão, e a todos os colegas do DCG – *Design Computation Group*, da Faculdade de Arquitetura da Universidade de Lisboa, pelas importantes contribuições ao meu trabalho durante o ano em que estudei em Portugal.

À Universidade Federal de Juiz de Fora, à Faculdade de Arquitetura e Urbanismo (FAU-UFJF) e ao Departamento de Projeto, Representação e Tecnologia (DPRT-FAU-UFJF), pelo suporte institucional, pessoal e científico a mim dispensados.

Ao editor deste livro, o amigo João Gaspar, por acreditar neste projeto e pelas imprescindíveis contribuições na adaptação da tese original para este formato.

À minha amada família: minha esposa Sabrina, pelo amor, inspiração, cumplicidade e sacrifícios, especialmente, nos anos de doutoramento; minhas filhas Manuela e Rafaela, pela alegria e significado que dão à minha vida, mesmo sem perceber; minha mãe Anézia, por ter me ensinado a ser quem eu sou e pelo seu amor e compreensão; minha irmã Fátima, com quem sempre pude contar, e meu irmão Jorge que, mesmo um pouco mais distante, torce por mim.

A Deus, por tudo. Em especial, pela saúde e pela força.

Fernando Lima

Sobre o Autor

Fernando Lima é doutor em Urbanismo pela Universidade Federal do Rio de Janeiro (PROURB-UFRJ) e cursou estágio doutoral na Faculdade de Arquitetura da Universidade de Lisboa entre janeiro de 2016 e janeiro de 2017, como bolsista do CNPq, sob supervisão dos professores José Pinto Duarte e Nuno Montenegro.

Entre 2018 e 2022, Fernando ocupa a vice-direção da Faculdade de Arquitetura e Urbanismo da Universidade Federal de Juiz de Fora (UFJF), onde é professor adjunto do Departamento de Projeto, Representação e Tecnologia e professor permanente do Programa de Pós-Graduação em Ambiente Construído (PROAC).

É um dos organizadores do livro **101 conceitos de Arquitetura e Urbanismo na era digital**, lançado pela ProBooks Editora e *Design Techniques applied to Design Process*, pela Editora UFJF.

É Mestre em Engenharia Civil pela Universidade Federal Fluminense (2008) e especialista em Gerenciamento da Construção pela Universidade Federal de Juiz de Fora (2008), onde também se formou Arquiteto e Urbanista (2003).

Fernando também é coordenador-líder do Laboratório de Investigação em Arquitetura e Urbanismo (DOMVS/UFJF-CNPq) e membro colaborador do Centro de Investigação em Arquitetura, Urbanismo e Design (CIAUD) e do *Design Computation Group* (DCG) da Faculdade de Arquitetura da Universidade de Lisboa.

Prefácio

José Ripper Kós
PROURB - Universidade Federal do Rio de Janeiro
PósARQ - Universidade Federal de Santa Catarina

As grandes e médias cidades brasileiras, assim como as de grande parte da América Latina, enfrentam desafios significativos para as próximas décadas. O movimento da população do campo para estes centros continuará, e mudanças são necessárias no modo como as cidades são planejadas. Os problemas urbanos que impactam a população de forma severa, agravados pelo intenso crescimento demográfico, são muito semelhantes na maioria destas cidades. As cidades brasileiras, para se expandirem, optaram por estabelecer uma política urbana baseada em uma adaptação cruel do modelo de subúrbios norte-americano, onde as camadas mais pobres habitam os bairros mais distantes, que possuem oferta de serviços e infraestrutura precária. Os custos são altíssimos para toda a população, especialmente para os moradores destas regiões. A aplicação deste dispensioso modelo de ocupação urbana justifica a tese de que o poder público deveria investir em transporte público e subsídios para moradias de interesse social em áreas centrais ou em outras áreas com potencial de adensamento, que já possuem infraestrutura implementada.

Ao mesmo tempo, vivemos em uma época em que o volume de informações associadas a centros urbanos é muito grande, com destaque para as grandes e médias cidades. Extensas bases de dados são regularmente atualizadas por instituições públicas e empresas. Existem ferramentas de manipulação de dados e de informações associadas às cidades que permitem formas inovadoras para o planejamento mais sustentável destas. Infelizmente, na maior parte dos casos, o potencial destas ferramentas e dados é negligenciado pelas instâncias decisórias. Aparentemente, em um primeiro momento, poucos e poderosos grupos poderiam ser beneficiados pela manutenção dessa situação. Se pensarmos em um horizonte mais amplo, somos todos penalizados pela crescente violência urbana, congestionamentos e acidentes no trânsito. Em síntese, quando não fazemos bom proveito dos dados e informações de que dispomos a respeito de nossas cidades, estamos provendo menos qualidade de vida para todos.

As Tecnologias da Informação e Comunicação (TICs) podem contribuir de modo importante para a melhoria da qualidade de vida nas cidades, caso seja possível contar com profissionais capazes de selecionar e manipular informações relevantes, que subsidiem tomadas de decisão responsáveis e voltadas para a sustentabilidade urbana. Os dados e informações obtidas por meio das TICs devem ser apresentadas aos grupos com poder de influenciar as decisões políticas para a transformação dos atuais modelos urbanos. Isto deve ser realizado de maneira clara, demonstrando o impacto e as evidentes vantagens da mudança de paradigma.

O trabalho apresentado pelo Prof. Fernando Lima possui grande relevância, ocupa um espaço pouco explorado e tem potencial para impactar positivamente o futuro do processo de planejamento de nossas cidades. O desenvolvimento de modelos tridimensionais paramétricos, antes limitado a experientes profissionais de informática, agora pode ser realizado com ferramentas criadas com auxílio de linguagens de programação visual, diretamente pelos projetistas. Estas ferramentas são utilizadas há vários anos em projetos generativos de mobiliários e edificações, mas com restrito impacto em projetos de espaços urbanos. Tal fato se deve, especialmente, à complexidade e abrangência dos aspectos associados ao seu planejamento. O autor apresenta, com objetividade, um caminho para que arquitetos e urbanistas possam programar enquanto desenvolvem o planejamento das nossas cidades. Fernando Lima escolheu um tema especialmente delicado e de grande importãncia para os moradores das cidades latino-americanas. O transporte público e a caminhabilidade seriam pontos de partida óbvios para o desenvolvimento de projetos urbanos orientados à maior parte da população, mas a aplicação efetiva destas premissas ainda encontra grande resistência. Os latino-americanos reservam uma significativa parcela dos seus salários para a compra e manutenção de automóveis particulares. As justificativas para estas escolhas são inúmeras, embora a mais comum refere-se à baixa qualidade do transporte público.

Neste contexto, Lima apresenta ferramentas acessíveis aos projetistas para a incorporação no planejamento de nossas cidades, promovendo a caminhabilidade e a proximidade ao transporte público. O uso do solo e a densidade passam a depender da relação de facilidade de acesso ao transporte público, reduzindo em última análise, a dependência dos automóveis particulares. O autor demonstra que diferentes métricas podem ser desenvolvidas pelos projetistas com objetivo de planejar cidades mais sustentáveis, fundamentadas em uma gestão inteligente. A América Latina possui uma das maiores concentrações demográficas em centros urbanos do planeta. A associação desta concentração com a precariedade da infraestrutura chama a atenção para a necessidade de mudança. Este contexto complexo e precário pode ser beneficiado com a implantação de modelos de urbanização inovadores. Este livro lança algumas sementes para a transformação do cenário urbano atual na direção de cidades acessíveis, inclusivas e com mais qualidade de vida. Deste novo modelo de cidade, certamente, todos se beneficiarão.

Apresentação

Este livro apresenta um sistema e um conjunto de ferramentas obtidos como resultados de um projeto de pesquisa que abordou um tema relevante e emergente na área de Arquitetura e Urbanismo, ainda não consolidado no contexto da pós-graduação brasileira: a aplicação de recursos algorítmicos e de linguagens de programação visual no processo de projeto urbano, com o objetivo de propor bairros e cidades sustentáveis. Esta pesquisa foi premiada com menção honrosa do Prêmio CAPES | *Fullbright* de Tese 2018, na categoria Arquitetura, Urbanismo e Design.

Trata-se de uma investigação de caráter híbrido, que une conhecimentos de naturezas distintas: programação para computadores, em seu universo eminentemente objetivo, positivista e cartesiano, e a ciência do pensar e projetar as cidades, que requer, em suas abordagens, o reconhecimento de subjetividades, contradições, conflitos e incongruências. Desta forma, espera-se ter contribuído para a construção de métodos, abordagens e ferramentas que tiveram o propósito de viabilizar uma visão mais holística do processo de projeto urbano, associando o que pode haver de melhor no homem e na máquina. Assim, o computador pode ser utilizado como ferramenta auxiliar da imaginação.

Ao obter rapidamente os resultados de diversas simulações, projetistas ou outros atores envolvidos no processo de projeto urbano podem se concentrar na criação e no refinamento de cada proposta. Seria possível, portanto, avaliar mais alternativas em um determinado intervalo de tempo, quando feita a comparação do método proposto a métodos tradicionais.

Esta prática, à primeira vista, poderia ser entendida como uma maneira de assegurar a primazia da técnica, conduzindo a uma aplicação irrestrita e cega de índices e indicadores urbanísticos. Na verdade, trata-se de fornecer ferramentas para permitir que esses índices sejam incorporados, de maneira fluida e dinâmica, ao processo de projeto.

Para testar tal hipótese, a pesquisa toma como ponto de partida o modelo conhecido como Desenvolvimento Orientado ao Transporte, ou DOT (do inglês *TOD, Transport Oriented Development*). O modelo DOT foi inicialmente proposto pelo arquiteto Peter Calthorpe, no início da década de 90, e se tornou uma das principais referências para quem deseja projetar bairros caminháveis, compactos e de uso misto, centrados em sistemas de transporte de alta qualidade e no incremento dos deslocamentos ativos a pé ou de bicicleta.

O Desenvolvimento Orientado ao Transporte (DOT) propõe o uso de índices bastante claros, que servem de parâmetros para estruturar as propostas de planejamento que pretendem melhorar o desempenho de bairros e centros urbanos. O modelo DOT, portanto, apresenta uma estrutura complexa. Para que o projetista consiga atingir seus objetivos, é preciso combinar e analisar muitas variáveis consideradas cruciais, um trabalho muito complicado para ser feito de modo manual ou analógico. Por esta razão, o DOT se qualifica como um objeto de estudo com potencial para receber um projeto de implementação computacional.

Ao abordar aspectos relativos à implementação de recursos algorítmicos e paramétricos em processos de projeto, utilizando o modelo DOT como referencial, acredita-se que este livro e o sistema *CityMetrics*, aqui proposto, podem contribuir para a discussão sobre as habilidades e competências necessárias ao arquiteto e urbanista da contemporaneidade.

A pesquisa que levou ao desenvolvimento do *CityMetrics* explorou o potencial da associação entre métricas de avaliação de desempenho e recursos computacionais como instrumentos capazes de dar suporte a tomadas de decisão para a análise e a ***otimização*** de configurações urbanas.

No contexto da pesquisa que deu origem ao *CityMetrics*, o termo ***otimização*** pode ser entendido como sinônimo de ***otimização matemática***. O processo de otimização matemática faz referência à utilização de modelos computacionais para a resolução de um problema por meio da procura pela melhor solução, ou solução ótima, entre as alternativas possíveis, em um sistema (TEDESCHI, 2014).

Desta forma, é possível afirmar que o *CityMetrics* pode ser compreendido como um ***sistema*** de suporte e recomendação a processos de ***projeto urbano***. Por ***sistema***, para esta pesquisa, entende-se um conjunto de estratégias, procedimentos, ferramentas e etapas especificamente articulados para auxiliar a realização de tarefas de análise e otimização de desempenho de configurações formais de áreas urbanas. O termo ***projeto urbano*** está empregado em um contexto amplo, e se refere tanto à ideia de planejamento das cidades em si, quanto a situações mais específicas de projeto e desenho de vizinhanças.

Como não poderia deixar de ser, o sistema *CityMetrics*, resultado da pesquisa de deu origem a este livro, reflete o repertório do autor, seu entendimento a respeito de como são articulados os processos de projeto e a relação destes com o mundo. Os conhecimentos acumulados e materializados como ferramentas, apresentadas neste livro, representam uma trajetória profissional e acadêmica rica, pautada pela utilização de recursos computacionais em Arquitetura e Urbanismo e pelas inúmeras e ricas conversas sobre o tema com colegas e alunos, em sala de aula ou fora dela.

Neste contexto, espera-se que este trabalho possa contribuir para a difusão de novas técnicas e práticas que auxiliem os profissionais em sua missão de pensar e projetar os espaços urbanos, ao serem promovidas abordagens que estimulem e potencializem a formulação de bairros e cidades sustentáveis.

A designação *CityMetrics*

Esta investigação se desenvolveu ao redor da ideia da implementação computacional de **métricas urbanas** enquanto parâmetros de análise e otimização de desempenho.

A adoção do termo *CityMetrics* para designar o sistema desenvolvido é justificada por ser uma nomenclatura em inglês, de fácil assimilação, capaz de representar o conceito e o sistema desenvolvido, cumprindo o objetivo de facilitar a divulgação e a assimilação desta investigação no contexto internacional científico de aplicações computacionais voltadas ao espaço urbano.

SUMÁRIO

1
Introdução

Desempenho:
s.m.
Conjunto de características que permitem determinar o grau de eficiência e as possibilidades de operação de um determinado objeto ou artefato
Dicionário Michaelis

1.1 Sobre o uso de recursos computacionais em planejamento urbano

As tentativas de compreender e controlar o desenvolvimento urbano através da indexação de suas propriedades físicas e do desempenho de sua morfologia por meio de variáveis mensuráveis são tão antigas quanto a história do urbanismo como ciência (CIAUD, 2016). Ao mesmo tempo, a aplicação de sistemas matemáticos para a análise e o aperfeiçoamento de configurações urbanas tem sido estudada e proposta por diversos autores.

Dantzig e Saaty (1973) defenderam a utilização de modelos matemáticos para propor melhorias no desenvolvimento urbano a partir de propostas de otimização de infraestruturas em bairros de alta densidade, ao passo que Salingaros (2010) explorou possibilidades de geração de morfologias urbanas a partir do aproveitamento de parâmetros matemáticos, contidos em uma determinada legislação urbanística, como partes de códigos generativos.

Duarte et al. (2012) propuseram a utilização de modelos computacionais para a formulação, geração e avaliação de planos urbanos. O projeto, intitulado *City Induction*, teve por objetivo desenvolver sistemas e ferramentas computacionais com capacidade para simular sistemas complexos urbanos e comportamentos humanos, de maneira a permitir a proposição ágil de alternativas de organização espacial, com a intenção de acomodar, de modo equilibrado, as questões programáticas e as exigências relacionadas à economia de recursos.

Neste contexto, Beirão (2012) desenvolveu um conjunto de ferramentas para a proposição de soluções para contextos urbanos, fazendo uso de padrões e da codificação de tarefas típicas de projeto. Montenegro (2015) elaborou uma ferramenta computacional que permite identificar e classificar dados geoespaciais e como realizar a localização automática de equipamentos públicos coletivos. Paralelamente, Nourian et al. (2015) conceberam ferramentas para a realização de análises relativas à caminhabilidade em áreas urbanas.

Os trabalhos citados acima possuem, em comum, abordagens que pressupõem o uso de ferramentas computacionais para seu pleno funcionamento. Esse aspecto é o principal elo entre tais pesquisas e a investigação que deu origem ao sistema *CityMetrics*, que pretende auxiliar o projetista na análise e otimização de configurações geométricas urbanas, fazendo uso de ***métricas*** automatizadas para a avaliação do desempenho das propostas, com o propósito de torná-las mais dinâmicas.

O termo ***métrica***, para o desenvolvimento do *CityMetrics*, foi utilizado para se referir às as diferentes referências que fornecem critérios ou parâmetros de medição do grau de eficiência, com relação a vários indicadores, de uma determinada configuração urbana.

Neste cenário, o campo de ação desta pesquisa está na interseção entre o uso de recursos computacionais – especificamente os relacionados à ***lógica algorítmico-paramétrica*** – e a implementação de métricas para a análise e otimização do desempenho de configurações urbanas, com o objetivo de auxiliar projetistas em tomadas de decisão durante o desenvolvimento de projetos urbanos. O diagrama apresentado pela Figura 1 explicita como se dá esta relação.

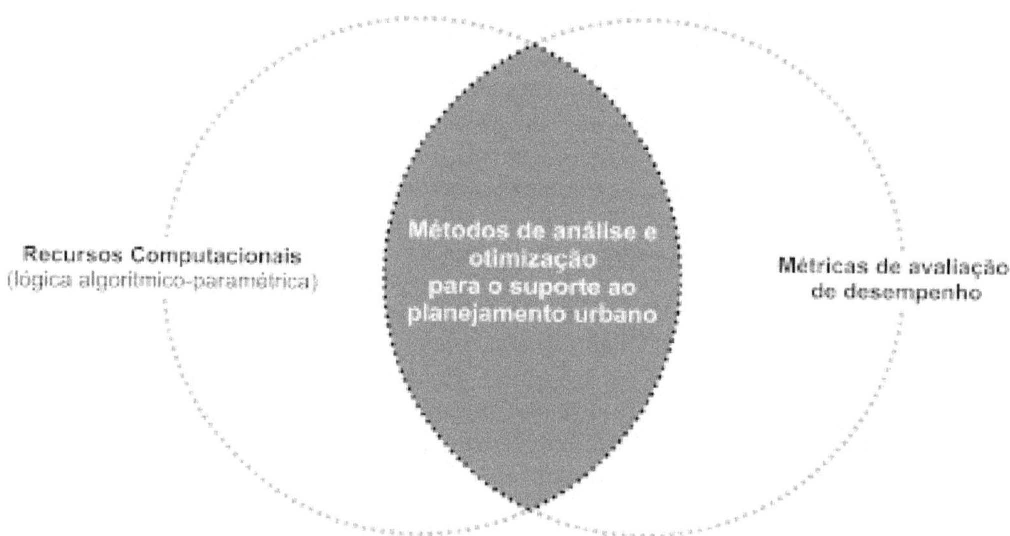

Figura 1. Diagrama de síntese do âmbito desta pesquisa. Fonte: O autor.

Para o desenvolvimento da pesquisa e do sistema *CityMetrics*, o termo ***lógica algorítmico-paramétrica*** se refere ao uso de recursos de programação para a elaboração e a customização de ferramentas desenvolvidas em plataformas de linguagem de programação visual (LPVs). A LPV utilizada na criação do sistema e ferramentas do *CityMetrics* foi o Grasshopper (RUTTEN, 2010), plug-in integrado ao software de modelagem Rhinoceros (MCNEEL, 1992).

1.2 As cidades e os sistemas computacionais

Em um primeiro momento, o entendimento sobre as cidades e os seus fenômenos foram pautados por um pensamento de simplicidade elementar, em uma lógica que se aproxima da noção de causa e efeito (JACOBS, 2011, p. 483-486). Paralelamente, deu-se o início do desenvolvimento de recursos matemáticos como suporte a tarefas de planejamento, como a estatística, a probabilidade e a computação. Desta forma, os problemas urbanos começaram a ser entendidos sob a perspectiva da complexidade, em abordagens que procuram compreender o todo por meio das relações existentes entre os diversos fatores que o determinam. A este respeito, Limena (2001) pontua que

> *"as crises urbanas não podem ser pensadas como resultado de um processo linear ou determinado, mas como um processo complexo, que requer uma visão macroscópica capaz de identificar seus atributos, suas tendências, contra tendências, determinações e indeterminações" (LIMENA, 2001, p. 37).*

Neste sentido, Beirão (2012, p. 71, tradução nossa) afirma que o projeto urbano "envolve questões que são demasiadamente complexas para serem tratadas como tarefas lineares", enquanto Duarte et al. (2012, p. 80, tradução nossa) expõem que "desenvolvimentos recentes em teorias de projeto urbano apontam para práticas de projeto flexível com o propósito de aumentar a operacionalidade do planejamento urbano".

Duarte et al. (2012), Beirão (2012), Montenegro (2015), Nourian et al. (2015) e Gil (2016) demonstram que recursos computacionais podem contribuir significativamente no suporte a processos de projeto urbano, ao proporcionarem um controle dinâmico (intervenção, atualização e avaliação de modificações) das partes componentes de um sistema complexo, como é o caso das cidades. A este respeito, Montenegro (2015, p. 39) acrescenta que o planejamento urbano "incorpora um número elevado de regras e códigos que são essencialmente algorítmicos". Ou seja, sistemas computacionais associados ao planejamento das cidades "podem desempenhar, neste conjunto particularmente complexo, um papel importante na resolução do problema urbano" (MONTENEGRO, 2015, p. 39).

Portanto, ferramentas computacionais podem ser implementadas como instrumentos de suporte à tomada de decisão em tarefas de planejamento que requeiram a utilização de dados objetivos e mensuráveis, pois são capazes de:

a. Gerenciar grandes quantidades de informações;

b. Realizar tarefas repetitivas e operações matemáticas, algébricas e geométricas, de maneira mais dinâmica, rápida e eficiente que os meios tradicionais;

c. Aplicar algoritmos para gerar alternativas de composição entre elementos, e

d. Aplicar métricas para analisar e avaliar o desempenho de sistemas.

Diante disto, abordagens, métodos ou modelos de planejamento urbano que considerem variáveis quantificáveis ou que utilizem parâmetros objetivos para avaliação de desempenho se credenciam como objetos de estudo em que se justifica o uso de estratégias computacionais relacionadas ao uso da lógica algorítmica-paramétrica.

Entre estes métodos, o Desenvolvimento Orientado ao Transporte (DOT), modelo de desenvolvimento urbano que propõe uma lógica de organização de bairros e cidades mais autônoma e sustentável, com menor dependência do automóvel e maior interação social, foi o escolhido como referência para desenvolvimento da pesquisa e do sistema *CityMetrics*, apresentados neste livro.

1.3 Desenvolvimento Orientado ao Transporte (DOT)

O DOT se tornou um dos principais paradigmas de planejamento destinados à criação de bairros compactos, caminháveis e de uso misto, organizados em torno de estações de transporte. Este modelo de organização de configurações urbanas – cujas bases foram propostas por Calthorpe (1993) – incentiva a criação de comunidades que não dependem exclusivamente do automóvel para os deslocamentos diários e está sendo crescentemente promovido em várias cidades do mundo como exemplo de uma prática mais sustentável para a organização de bairros e centros urbanos (FARR, 2012; LEITE, 2012; SUZUKI et al., 2013; VALE, 2015).

Embora não exista uma definição consensual para o modelo DOT, este é usualmente descrito a partir dos atributos físicos, espaciais, que o caracterizam: uma área compacta com edifícios de uso misto, por onde é possível percorrer pequenas distâncias entre serviços e residências, e que é servida por uma rede de mobilidade multimodal (VALE, 2015). Nesta lógica, é possível ter acesso a serviços básicos sem recorrer a veículos motorizados individuais ou dispender muito tempo em deslocamentos. Portanto, o uso do modelo DOT pode contribuir para o desenvolvimento de bairros mais autônomos e sustentáveis (SUZUKI et al., 2013).

Os princípios básicos e mensuráveis do modelo DOT (acessibilidade, caminhabilidade, diversidade e compacidade) podem ser aferidos por diversas métricas, que consideram atributos geométricos e algébricos, como o posicionamento e a qualificação da ocupação de cada lote, as distâncias físicas e topológicas[1] entre diferentes pontos de interesse, índices que mostram a relação entre áreas residenciais e não-residenciais e indicadores relativos à densidade de lotes, quadras, bairros e cidades.

[1] Os conceitos ***distância física*** e ***distância topológica***, empregados neste livro, estão explicados no Capítulo 2, p. 44.

Tais métricas podem ser diretamente vinculadas a entidades geométrico-matemáticas, como coordenadas, números, pontos, curvas, polígonos e sólidos, dando origem aos objetos paramétricos que representam os atores que constroem um determinado cenário urbano. Estes objetos podem ser utilizados em operações lógicas, dando suporte a regras projetuais para que sejam executadas tarefas de simulação, retroalimentação e avaliação. Assim, as tarefas podem ser analisadas sob a forma de alternativas para responder a uma determinada situação ou demanda urbanística.

É possível afirmar que existe, portanto, uma relação direta entre métricas de avaliação desenvolvidas em um contexto analógico, com fundamentação lógica e matemática, e as ferramentas computacionais. Observa-se, contudo, que as tecnologias digitais para a avaliação de cenários e proposição de melhorias para áreas urbanas ainda não foram suficientemente exploradas. Diversos autores apontam que há demanda por métodos ou sistemas que auxiliem os atores envolvidos na discussão, proposição e avaliação de projetos baseados na lógica do DOT ou em processos de natureza semelhante (DITTMAR; POTICHA, 2004; LEITE, 2012; SUZUKI et al., 2013; VALE, 2015).

O modelo DOT foi o ponto de partida adotado para a elaboração do sistema *CityMetrics*, desenvolvido com o propósito de responder às questões de pesquisa. A partir dos testes realizados no *CityMetrics* com as métricas e critérios que fazem parte do modelo DOT foi possível verificar a potencialidade da utilização do *CityMetrics* com métricas que integram modelos teóricos semelhantes ao DOT.

1.4 Questões

Em um aspecto mais amplo e sob a perspectiva do cenário apresentado, o cerne desta investigação pode ser sintetizado pela seguinte questão:

- Como é possível associar métricas de avaliação criadas em um contexto analógico a instrumentos computacionais, estruturados por uma lógica algorítmico-paramétrica, de maneira a constituir um sistema de suporte à análise e proposição de configurações urbanas que induzam ao projeto de bairros e cidades com melhor desempenho?

Desta questão central, outras podem ser suscitadas:

a. Quais podem ser as contribuições decorrentes da implementação da lógica algorítmico-paramétrica em tarefas de planejamento voltadas para a análise e otimização de configurações urbanas?

b. Como as ferramentas computacionais e de programação podem ser aplicadas para simular, avaliar e indicar soluções otimizadas de arranjo para bairros e cidades, utilizando critérios propostos em modelos teóricos de desenvolvimento urbano, como é o caso do DOT?

c. Quais métricas podem ser adotadas para subsidiar os instrumentos propostos?

d. Quais conceitos e recursos algorítmico-paramétricos podem ser incorporados a um sistema de análise e proposição baseada em atributos mensuráveis, na procura por novas estratégias e/ou instrumentos de planejamento para bairros e cidades com melhor desempenho, ou no contexto específico do DOT, mais autônomas e sustentáveis?

1.5 Objetivos

O objetivo desta pesquisa é o de contribuir para a discussão sobre os processos de projeto de espaços urbanos sob o ponto de vista da implementação de recursos computacionais, mais especificamente dos relacionados à lógica algorítmico-paramétrica.

Em projetos urbanos, questões complexas, relacionadas à duração do processo de projeto, à precisão, aos limites projetuais e incompletudes, aos agentes envolvidos, podem ser beneficiadas por métodos e ferramentas computacionais especificamente elaboradas para sua potencialização.

O objetivo específico se concretizou no desenvolvimento do *CityMetrics*, um sistema de suporte à tomada de decisão no processo de projetos urbanos, por meio da incorporação e da programação de ferramentas computacionais que associam métricas de avaliação de desempenho de configurações urbanas a operações lógico-matemáticas.

O sistema foi capaz de incorporar conjuntos de variáveis e de dar visibilidade formal-espacial a elas em tempo real, ou em tempo suficiente para funcionar como retroalimentação no processo de projeto, seja por projetistas, seja por outros atores envolvidos.

Com o *CityMetrics*, foi possível articular aspectos relativos à implementação algorítmico-paramétrica a referências numéricas propostas em um modelo teórico de desenvolvimento urbano, o modelo DOT, com o objetivo de mensurar fatores relacionados ao desempenho de configurações urbanas, dentro do contexto apresentado.

Neste sentido, o objetivo específico foi composto pelos recursos apontados a seguir:

a. O sistema foi capaz de apontar referências de cálculo de desempenho que permitem a construção computacional de métricas para a avaliação e a otimização de configurações urbanas;
b. O sistema auxilia na identificação de funcionalidades, estratégias e instrumentos relativos à lógica algorítmico-paramétrica que possam servir de referência em processos de projeto urbano, dentro do recorte apresentado anteriormente;

c. O sistema reuniu ferramentas computacionais que associam funcionalidades, estratégias e instrumentos às referências de cálculo de desempenho apontadas, de maneira a materializar a implementação de métricas para avaliação das tarefas de análise e otimização de configurações urbanas.

1.6 Percurso metodológico

Para a elaboração do *CityMetrics*, foi necessário construir um quadro teórico conceitual a partir da investigação de trabalhos que pudessem constituir aporte teórico e metodológico para a definição de quais métricas seriam utilizadas para a avaliação de desempenho de áreas de vizinha, bairros e cidades, com relação à critérios que indicam aumento da qualidade de vida das pessoas que utilizam estes espaços. Estas referências foram essenciais na etapa de formulação da contextualização computacional teórica e prática do sistema, seus princípios, recursos e estratégias.

Construção de quadro teórico-conceitual

Nesta fase, foi elaborada a pesquisa bibliográfica, com o objetivo de se estabelecer a fundamentação teórica, a partir de definição dos conceitos, princípios e métodos adotados para o desenvolvimento do sistema proposto. Nesta etapa foram abordados os trabalhos que se referem:

a. Ao modelo DOT e seus princípios. Foram estudados os autores: Calthorpe (1993), Dittmar e Ohland (2004), Leite (2012), Farr (2013), Suzuki et al. (2013), Vale (2015), e;

b. Aos modelos computacionais e problemas urbanos. Foram pesquisados os trabalhos de Duarte et al. (2012), Beirão (2012), Montenegro (2015) e Nourian et al. (2015).

Construção de repertório computacional

Fase de aquisição de conhecimentos técnicos e práticos de programação, de experimentação e avaliação de diferentes ferramentas e modelos computacionais aplicáveis ao contexto do planejamento urbano.

Nesta fase se deu a busca e a experimentação de *softwares* e *plug-ins*, de maneira a identificar recursos que contribuíram para o desenvolvimento do sistema.

Elaboração do sistema *CityMetrics*

Etapa em que se deu o cruzamento entre os conhecimentos teóricos e práticos obtidos, bem como da interseção entre planejamento urbano e práticas computacionais.

Desta fase resultou a proposição, o desenvolvimento e a experimentação do sistema *CityMetrics*, composto pelas ferramentas apresentadas neste livro.

Ensaios

Nesta fase foram elaboradas provas de conceito que fizeram uso do sistema *CityMetrics*, proposto neste livro, de maneira a avaliar a versatilidade e a eficiência em abordagens de diferentes naturezas.

1.7 Estrutura do texto

O livro está estruturado em seis capítulos. Neste primeiro capítulo foram apresentados os principais elementos da pesquisa que deu origem ao desenvolvimento do sistema *CityMetrics*: a natureza da pesquisa, suas questões, objetivos e procedimentos metodológicos empregados. Aqui estão elencadas a base da metodologia empregada na pesquisa e o encadeamento lógico do texto do livro, evidenciado em sua estrutura.

O Capítulo 2 apresenta uma revisão de literatura sobre o DOT, de maneira a caracterizá-lo, explicitando como este se insere no contexto do desenvolvimento do *CityMetrics*. São explicitados os conceitos e definições, escopo, vantagens, limitações, relevância, tipologias e princípios mensuráveis deste modelo de desenvolvimento urbano. Neste capítulo, são apontadas as referências de cálculo relacionadas às métricas para avaliação do desempenho de configurações urbanas, sob a perspectiva de princípios mensuráveis do DOT.

O Capítulo 3 expõe um estudo sobre a aplicação de modelos teóricos computacionais voltados a processos de projeto urbano, que teve o objetivo de posicionar esta pesquisa no contexto de outras desenvolvidas na área. Para tal, foi elaborada uma contextualização sobre recursos computacionais no âmbito urbanístico, uma revisão de modelos aplicados e uma identificação de funcionalidades que possam ser incorporadas ao sistema e ferramentas relativas ao escopo da pesquisa apresentada neste livro.

No Capítulo 4 estão expostas as estratégias computacionais para a formulação do sistema *CityMetrics*, relacionadas à base de linguagem de programação visual adotada, a descrição de como os sistemas generativos serão incorporados ao sistema e a definição de como o processo de otimização matemática está integrado aos sistemas generativos por meio da linguagem de programação visual.

O Capítulo 5 apresenta o desenvolvimento do *CityMetrics*, sistema elaborado para análise e otimização de configurações urbanas, por meio da associação de ferramentas algorítmicas e métricas de avaliação de desempenho. Aqui estão detalhadamente descritas as métricas implementadas e as ferramentas propostas, e explicitadas suas respectivas lógicas de funcionamento.

O Capítulo 6 expõe demonstrações e análises do potencial de utilização do *CityMetrics* em diferentes situações de projeto, em um conjunto de ensaios que abordam contextos diversos para avaliação da versatilidade e da eficiência do sistema proposto.

Ao final de cada capítulo são apresentadas reflexões que servirão de subsídio para a elaboração da conclusão do livro, no Capítulo 7. A conclusão é construída a partir da articulação das informações apontadas nos capítulos anteriores, com o objetivo de reiterar a originalidade e a contribuição desta pesquisa e do desenvolvimento do *CityMetrics* para a sua área.

2
Desenvolvimento Orientado ao Transporte

"And my radio says tonight it's gonna freeze
People driving home from the factories
There's six lanes of traffic
Three lanes moving slow"
Telegraph Road - Dire Straits

Este capítulo expõe uma visão geral sobre o Desenvolvimento Orientado ao Transporte (DOT), modelo teórico que reúne índices e métricas de avaliação de desempenho utilizados como referência para a análise e a otimização de configurações urbanas. O contexto no qual o DOT se enquadra é apresentado no início deste capítulo. Em sequência, são expostas as visões de vários pesquisadores sobre diferentes definições e conceitos que este termo carrega. Depois, são identificadas as vantagens do uso do modelo DOT para o contexto do desenvolvimento do *CityMetrics*, sua relevância, assim como suas limitações. Finalmente, são apontados os princípios estruturadores do DOT, suas tipologias, características mensuráveis e quais as referências utilizadas para definir as métricas de avaliação de desempenho do sistema apresentado neste livro.

2.1 Contextualização

A *Global Fuel Economy Initiative* (2016) afirma que a queima de combustíveis fósseis em veículos motorizados é responsável por até 75 por cento da poluição do ar urbano que, por sua vez, tem sido associada a 3,7 milhões de mortes prematuras em 2012 (Organização Mundial da Saúde, 2015). Para além de contribuir para as emissões de carbono, o paradigma de organização e expansão das cidades tem sido responsável por grandes inconvenientes nos centros urbanos contemporâneos, como a dependência do automóvel, padrões espaciais fragmentados e menor interação social.

O modelo de desenvolvimento das cidades contemporâneas não tem considerado a fragilidade dos ecossistemas, o que evidencia seu caráter predominantemente expansionista, em detrimento de fatores relacionados a sustentabilidade dos centros urbanos (ROGERS, 1997). Este padrão de desenvolvimento se encontra ligado, historicamente, à ideia de "modernização", ainda que para tal sejam negligenciados princípios relativos à qualidade de vida.

Neste contexto, Rogers (1997) afirma que os espaços públicos das cidades contemporâneas foram negligenciados nas últimas décadas. Para ele, as ruas, ao invés de abrigarem encontros e atividades sociais cotidianas, passaram a ser utilizadas como estacionamento e a sofrer com congestionamentos de veículos, afetando diretamente o nível de ***urbanidade*** nos centros urbanos contemporâneos. O conceito de urbanidade, aqui empregado, se refere ao modo como espaços da cidade acolhem as pessoas e ao modo como estas se relacionam nestes espaços (LEITE, 2012).

Para Gehl (2013), a dimensão humana, dentro do planejamento urbano, tem sido um tema negligenciado em detrimento de outros que possuem mais força, como a preocupação com a acomodação do grande número de automóveis que trafegam pelas cidades. Segundo o autor, as linhas de pensamento dominantes no planejamento urbano "deram baixa prioridade ao espaço público, às áreas de pedestres e ao papel do espaço urbano como local de encontro dos moradores da cidade" (GEHL, 2013, p. 3).

Para Gehl (2013, p. 118), "as cidades devem proporcionar boas condições para que as pessoas caminhem, parem, sentem-se, olhem, ouçam e falem". Neste cenário, as cidades contemporâneas, predominantemente organizadas de acordo com uma lógica baseada na segregação de usos, tende a separar áreas residenciais de comerciais, "obrigando o deslocamento diário da população em longas distâncias, confinando a vida urbana ao interior solitário dos automóveis" (STUCHI; LEITE, 2015, p. 28).

Existe, portanto, a necessidade em se pesquisar novas abordagens de projeto e planejamento urbano, que não proponham espaços segregados para fins comerciais, industriais, educacionais, entre outros (ROGERS, 1997). A interação espacial entre diferentes atividades em uma mesma vizinhança induz à recomposição de trama da cidade com mais qualidade de vida e, neste quadro, o desenvolvimento tecnológico pode ser um grande aliado da sustentabilidade urbana.

O conceito de cidade sustentável reconhece que a esta precisa atender a objetivos sociais, ambientais, políticos e culturais, bem como a econômicos e físicos. A cidade é um organismo dinâmico tão complexo quanto a própria sociedade e deve ser suficientemente ágil para reagir rapidamente às suas mudanças (ROGERS, 1997, p. 167).

A questão da sustentabilidade nos centros urbanos tem sido alvo de crescente interesse. Este fato pode ser explicado ao considerarmos alguns dados, apontados por Rogers (1997) e Leite (2012):

a. Dois terços do consumo mundial de energia são utilizados pelas cidades;

b. 75 por cento dos resíduos são gerados nas cidades;

c. A finitude dos combustíveis fósseis;

d. As altas emissões de carbono nos centros urbanos;

e. O esgotamento de recursos hídricos, e;

f. Os alarmantes níveis de poluição e a consequente ameaça ao clima.

Rogers (1997) defende ainda que as cidades devem ser pensadas para crescerem com sustentabilidade, ou seja, precisam oferecer oportunidades sem colocar em risco as futuras gerações.

O urbanismo sustentável, para Farr (2013), proporciona um sistema de transporte público eficiente e integrado e oferece possibilidades de deslocamento a pé, somado a edificações e infraestrutura de alto desempenho. Nesta perspectiva, deve-se enfatizar os benefícios sociais e a esfera pessoal na vida do bairro. Três elementos são identificados como estruturadores para a sustentabilidade urbana: bairros, distritos e corredores. Nesta lógica, bairros são compactos, respeitam os pedestres e possuem uso misto. Os distritos, assim como os bairros, respeitam o pedestre e são compactos; entretanto, possuem normalmente um uso único – como um campus ou um distrito industrial. Os corredores são elementos que interligam bairros e distritos (FARR, 2013).

Dentre os muitos benefícios dos bairros bem definidos, do ponto de vista do desenho urbano, está no fato de que esta delimitação estimula a emergência de uma rede social finita. Os passeios e as quadras pequenas, típicas dos bairros urbanos, incentivam a sociabilidade. O tamanho limitado de um bairro aumenta as chances de uma pessoa ser reconhecida ou de encontrar algum amigo. As pessoas aumentam seus círculos de amizades por meio do contato cotidiano nas ruas, varandas e outros lugares, e de organizações e atividades locais. Esta maior rede de amigos e conhecidos pode aumentar o bem-estar e o capital social dos habitantes do bairro (FARR, 2013, p. 29).

Centros urbanos sustentáveis, sob esta noção, estendem a função do bairro no sentido de atender as necessidades sociais e ambientais da sociedade. O conceito de sustentabilidade social implica em conceder "aos vários grupos da sociedade oportunidades iguais de acesso ao espaço público e de se movimentar pela cidade" (GEHL, 2013, p. 109). Para tal, é necessária a existência de espaços públicos acessíveis, que incentivem encontros organizados ou a troca informal de experiências.

Cidades sustentáveis são, necessariamente, compactas, densas. Como se sabe, maiores densidades urbanas representam menor consumo de energia per capita. "O urbanismo sustentável é simplesmente impossível em baixas densidades, inferiores a uma média de 17,5 ou 20 unidades de habitação por hectare" (FARR, 2013, p. 31). Em contraponto ao modelo "beleza americana" de subúrbios espraiados no território com baixíssima densidade, as cidades mais densas da Europa e da Ásia são hoje modelos na importante competição internacional entre as chamadas *global green cities*, justamente pelas suas altas densidades, otimizando as infraestruturas urbanas e propiciando ambientes de maior qualidade de vida promovida pela sobreposição de usos (LEITE, 2012, p. 13).

Neste contexto, é importante ressaltar que a noção de cidade sustentável deve ser compreendida como "muito mais do que um desejável conjunto de construções sustentáveis. Ela deve incorporar parâmetros de sustentabilidade ao desenvolvimento urbano" (LEITE, 2012, p. 133).

Espaços de uso coletivo podem ser parte relevante do desenvolvimento das cidades, assim como o gradiente verde, as águas e as ciclovias. As construções sustentáveis, verdes, devem ser buscadas continuamente, e isso está ocorrendo de modo cada vez mais profissional e qualificado, mas não é suficiente – a cidade sustentável é muito mais que o conjunto de edifícios verdes (LEITE, 2012, p. 249).

2.2 DOT - Conceito e definições, vantagens e limitações, relevância e tipologias

Conceito e definições

Peter Calthorpe (1993), em seu livro intitulado *The next american metropolis*, iniciou a articulação de algumas premissas de planejamento urbano sustentável, que posteriormente vieram a constituir as bases do conceito *Transit Oriented Development*, no original em inglês, ou Desenvolvimento Orientado ao Transporte[2], como é comumente traduzido. São elas:

[2] Desenvolvimento Orientado ao Trânsito é outra tradução comum ao termo "*Transit Oriented Development*".

a. Promover a organização do crescimento urbano a um nível regional, de maneira policêntrica e compacta, que dê suporte à mobilidade urbana;

b. Definir o posicionamento de residências, pontos de comércio e emprego, parques e demais usos dentro de uma distância acessível a pé das paradas de trânsito;

c. Incentivar a criação de redes de vias que conectem destinos locais para promover a caminhada e o ciclismo;

d. Promover o desenvolvimento do espaço urbano a partir de um *mix* de densidades, tipologias e usos;

e. Incentivar a preservação do habitat local, zonas ribeirinhas e espaços abertos e de alta qualidade;

f. Instituir uma política de uso dos espaços públicos como pontos focais para a orientação da implantação de edifícios e de atividades de vizinhança;

g. Incentivar a ocupação e o desenvolvimento urbano ao longo de corredores de trânsito e comunidades existentes.

Embora não exista uma definição consensual para o DOT, o termo é frequentemente utilizado para descrever (ou definir) uma área compacta com edifícios de uso misto, que conecte serviços e residências por meio de distâncias caminháveis e servida por uma rede de mobilidade multimodal (CERVERO; KOCKELMAN, 1997; CALTHORPE; FULTON, 2001; SUZUKI et al., 2013; VALE, 2015). Neste modelo de desenvolvimento urbano, que propõe bairros mais autônomos e sustentáveis, seria possível ter acesso a itens básicos do cotidiano sem utilizar automóveis ou perder grandes quantidades de tempo em deslocamentos.

Para Stuchi e Leite (2015, p. 26), "as tarefas da vida cotidiana deveriam ocorrer em um território compacto e multifuncional, onde os deslocamentos fossem poucos e pequenos, ocorrendo a pé ou de bicicleta". Neste cenário, se estabelece que os deslocamentos de maior distância seriam demandados apenas em situações atípicas, ou seja, para atividades que não fossem do dia-a-dia, e "deveriam ser suportados por uma rede multimodal integrada de transportes coletivos" (STUCHI; LEITE, 2015, p. 26).

Trata-se, portanto, de uma lógica que propõe alinhar o desenvolvimento do território com o sistema de transportes, estabelecendo estrategicamente uma rede de centralidades multifuncionais conectadas por um sistema de transportes eficientes (STUCHI e LEITE, 2015, p. 27).

Stuchi e Leite (2015) definem o DOT como uma estratégia de ocupação, que consiste na "articulação entre a mobilidade e o desenvolvimento urbano, através da orientação do crescimento em áreas próximas dos eixos de transporte" (p. 182). Entre os principais objetivos do DOT está a constituição de cidades compactas e multifuncionais, com bairros autossuficientes, vias sem congestionamentos e uma rede viária de percursos agradáveis ao pedestre e que estimulem a caminhada, o ciclismo e a utilização de diversos modais de transporte. Desta forma, as distâncias e os deslocamentos dentro do território da cidade seriam reduzidos, assim como o tempo necessário para vencê-los. Isto implicaria na oferta de um sistema de transporte articulado entre vários modais, em uma rede que conecte os diversos bairros da cidade.

Todo deslocamento urbano começa e termina com uma caminhada. Sob esta perspectiva, fica evidente que a atenção daqueles que pensam a cidade deve estar voltada para o pedestre e seus percursos, com uma rede de vias que incentive deslocamentos a pé. A este respeito, é importante ressaltar que o DOT se apresenta como um dos paradigmas de planejamento fundamentais no sentido de reverter a lógica do desenvolvimento urbano orientado ao automóvel.

Uma organização não governamental norte-americana, a *Reconnecting America* (2016), define o DOT como um modelo de desenvolvimento urbano que propõe a combinação de moradia, comércio e vários serviços urbanos, integrados por meio de distâncias curtas, proporcionando mais opções de habitação e transporte, além de serviços variados que podem ser alcançados a pé.

Adotar este modelo de desenvolvimento urbano significa considerar um novo paradigma para o funcionamento das cidades. Uma implementação adequada do DOT requer que a estruturação urbana, a lógica de transporte, a configuração das vias, dos passeios e das quadras se dê de maneira diferente do que preconiza o modelo de desenvolvimento urbano comumente adotado.

Para conseguir a meta de uma cidade articulada e agradável, o modelo de desenvolvimento ligado ao automóvel particular, com a abertura de grandes sistemas viários, deve ser desprestigiado (STUCHI e LEITE, 2015, p. 182).

O DOT é um modelo de desenvolvimento urbano de crescente aceitação em todo o mundo, que compreende as "relações entre as estruturas para pedestres e ciclistas e a rede coletiva de tráfego" (GEHL, 2013, p. 107). Desta forma, cidades compactas baseadas no DOT podem ser vantajosas, em relação à qualidade de vida, a cidades espalhadas, pois são capazes de oferecer um número suficiente de moradias e locais de trabalho a uma distância caminhável das estações. Estas cidades, com bons espaços públicos e curtas distâncias entre trabalho, serviços e moradias, "garantem inúmeras vantagens ambientais, como linhas de abastecimento curtas e consumo reduzido de áreas" (GEHL, 2013, p. 107).

Farr (2013), por sua vez, apresenta o DOT como um modelo de organização urbana que proporciona mais opções de habitação e transporte, além de serviços variados que podem ser acessados a pé. Em paralelo, Dittmar e Poticha (2004) entendem que o DOT tem o objetivo de maximizar o acesso ao transporte coletivo e não motorizado, por meio da implantação de estações, de trem ou de ônibus, centralmente localizadas e rodeadas por densidade relativamente alta.

É mais fácil atrair e reter os usuários do transporte público em corredores com alta densidade urbana. Simplificando, uma concentração de pessoas que vivem ou trabalham próximas a uma parada de transporte cria um mercado estável de pessoas que percorrem uma distância curta a pé até o serviço de transporte público. A quantificação desta relação entre a densidade populacional em um corredor de transporte público e a sua capacidade de sustentar o transporte é essencial para o urbanismo sustentável (FARR, 2013, p. 103).

O modelo DOT transcende a ideia de se orientar uma unidade de vizinhança próxima a uma estação de transporte público. Trata-se do conceito de um bairro estruturado em torno de uma estação ou ao longo de um corredor de transporte, permeado por empreendimentos múltiplos, usos mistos, "uma rede viária em que se possa caminhar e um desenho que permita vida urbana e opções de transporte" (FARR, 2013, p. 109).

O DOT estimula a utilização do sistema de transporte público ao propor bairros em que se pode ir a pé até as estações, pois apresentam urbanização compacta, diversidade no uso do solo e desenho urbano orientado para o pedestre. Em localidades onde a distância entre habitações e transportes pode ser percorrida a pé, os moradores utilizam o transporte público com frequência cinco vezes maior dos que aqueles que dirigem até as estações (FARR, 2013, p. 103).

Suzuki et al. (2013) consideram o DOT uma abordagem prática para reduzir congestionamentos, emissão de gases responsáveis pelo efeito estufa e outros causadores de problemas ambientais, além de proporcionar possibilidades de arranjo e organização espacial urbana que promovem maior interação social, melhor uso do solo e conexões entre trabalho, serviços e residências. A implementação bem-sucedida do DOT aumenta o uso do transporte coletivo, estimulando usuários a abandonarem os carros e utilizarem ônibus ou trens, e servem como instrumento para o desenvolvimento das comunidades e revitalização de bairros deteriorados (SUZUKI et al., 2013).

Isto reforça o que diz Calthorpe (2004), quando afirma que o DOT é a combinação de planejamento urbano, revitalização das cidades, rejuvenescimento dos subúrbios e vizinhanças caminháveis. Mais do que diversificar sistemas de transporte, o DOT possui a capacidade de oferecer "novos padrões de desenvolvimento para bairros e cidades" (CALTHORPE, 2004, p. xii, tradução nossa).

Neste contexto, e para o objetivo do desenvolvimento do sistema *CityMetrics*, propõe-se que o modelo DOT seja interpretado como um conjunto de regras a serem aplicadas a uma área de uso misto planejada para maximizar o acesso da população ao transporte público, que pode ser articulada por meio de uma estação de transporte rodeada por quadras que apresentam densidades relativamente altas. A densidade poderá ser decrescer, conforme aumenta a distância entre as quadras e a estação.

Preferencialmente, esta estrutura se distribui em um raio de escala adequada para os pedestres em seus percursos (DITTMAR; POTICHA, 2004). Conforme a interpretação adotada para esta pesquisa, o DOT pode ser compreendido como um modelo de regras para o planejamento e organização de novas cidades, ou para a reconfiguração de áreas urbanas, com o propósito de fazer com estas se tornem mais autônomas e sustentáveis.

Vantagens e limitações

Dentre as vantagens apontadas à adoção do DOT como modelo para estruturação e organização espacial dos centros urbanos, encontram-se:

a. A redução da emissão de gases poluentes do ar e de gases relacionados ao efeito estufa;

b. O projeto de bairros caminháveis, estruturados para incentivar hábitos mais saudáveis;

c. A otimização de infraestrutura urbana, em contraposição ao modelo tradicional de expansão da urbanização, que demanda, em princípio, um grande volume de recurso públicos para a sua manutenção, e;

d. A redução da dependência do automóvel (FARR, 2013; SUZUKI et al. 2013; STUCHI; LEITE, 2015; RECONNECTING AMERICA, 2016).

Apesar de todos os benefícios relacionados, o DOT apresenta limitações que dificultam sua implementação com maior frequência e eficiência. Diversos autores apontam as seguintes restrições:

a. De ordem financeira: apesar de reduzir custos com infraestrutura a longo prazo, o DOT demanda grandes investimentos públicos e privados para ser implantado;

b. De ordem participativa: resistências da comunidade local representam um desafio para a implementação do modelo DOT. É comum o temor, por parte de moradores, de que este modelo de desenvolvimento possa descaracterizar seu bairro, criar congestionamentos localizados ou depreciar suas propriedades;

c. De ordem legal: a legislação da maioria dos municípios não é favorável à implantação do DOT. Leis de zoneamento e códigos de uso do solo são geralmente concebidos para a lógica de bairros e edifícios monofuncionais, com desenvolvimento orientado aos automóveis. Em alguns casos, parâmetros de zoneamento pré-estabelecidos frequentemente proíbem a densidade necessária. Estes e outros dispositivos legais restritivos, como valores máximos em relação à taxa de ocupação, limitações de altura e afastamentos dos edifícios, que, em princípio, beneficiariam a comunidade, mas que terminam por serem distorcidos por interesses relativos à especulação imobiliária, praticamente inviabilizam o DOT;

d. De ordem instrumental: sistemas que prestam auxílio aos atores envolvidos na discussão, proposição e avaliação de projetos e na implementação de soluções baseadas na lógica do DOT ainda não foram suficientemente desenvolvidos. (DITTMAR; OHLAND, 2004; SUZUKI et al., 2013; STUCHI; LEITE, 2015; RECONNECTING AMERICA, 2016).

Relevância

Para Leite (2012), há uma forte demanda pelo desenvolvimento de cidades providas de um metabolismo que gere maior urbanidade, o que Gehl (2013) define como "cidades para as pessoas". Ogra e Ndebele (2014) afirmam que o DOT assumiu, nos últimos anos, um papel central no contexto das políticas de mobilidade urbana mundial, tornando-se um dos principais paradigmas de planejamento para reverter o desenvolvimento urbano baseado nos deslocamentos individuais por automóvel. Em paralelo, Vale (2015) afirma que, nas últimas duas décadas, o DOT vem sendo crescentemente promovido em várias cidades do mundo como política sustentável para centros urbanos contemporâneos.

Segundo a *Transit Cooperative Research Program*, entidade norte-americana voltada para a pesquisa sobre mobilidade urbana, uma grande quantidade de áreas onde houve a implementação de mudanças baseadas no modelo DOT pode ser encontrada no Estados Unidos. Os indicadores produzidos por esta instituição demonstram que os números e tipos de áreas que receberam mudanças baseadas no modelo DOT tendem a aumentar naquele país. Até 2017, existia mais de uma centena de áreas com mudanças implementadas a partir do modelo DOT nos Estados Unidos, em diversas escalas e tipologias. Altoon e Auld (2011) demonstram que a relevância do DOT não se restringe aos Estados Unidos e apresentam inciativas de implementação em diversos países, como a Alemanha, Austrália, Bélgica, Canadá, China, França, Holanda, Nova Zelândia, Polônia, Reino Unido e Rússia.

No Brasil, a cidade de Nova Friburgo, ao elaborar seu Plano de Desenvolvimento Urbano Estratégico – 2050, fez uso de princípios do DOT como parte de uma estratégia para aproximar as atividades da cidade (moradia, trabalho, lazer, entre outras), qualificar a vida nos bairros, equilibrar as dinâmicas urbanas e alinhar desenvolvimento e mobilidade, ao incentivar a criação de territórios compactos, em "uma rede equilibrada de núcleos densos conectados por adequados sistemas de mobilidade" (STUCHI; LEITE, 2015, p. 24).

O município de São Paulo, por sua vez, apesar de não citar nominalmente o conceito do DOT, incorpora muitas de suas premissas na elaboração de seu Plano Diretor Estratégico (SÃO PAULO, 2014). É possível destacar a prioridade ao uso do transporte público, valorizar o pedestre e seus percursos, implementar múltiplos modais, incentivar o uso misto e a multicentralidade, distribuir equilibradamente serviços urbanos ao longo dos bairros e orientar o crescimento da cidade nas proximidades do transporte público.

Tipologias

A *Reconnecting America* (2016) propõe uma classificação de áreas de DOT segundo as seguintes tipologias:

a. Centros regionais: são os centros primários de atividade econômica e cultural em uma região. Caracterizam-se por uma alta mistura, diversidade e quantidade de habitações e empregos, comércio e entretenimento que atendem ao mercado regional. São servidos por uma rica combinação de modos de transporte que suportam todas as atividades, incluindo alta capacidade ferroviária regional e ônibus;

b. Centros urbanos: contêm alta diversidade em densidades ligeiramente mais baixas que o centro regional;

c. Centros suburbanos: atuam como origem e destino para os usuários, com algumas opções de transporte conectando a rede regional. Possuem mais áreas de uso único e densidades mais altas em um raio de quatrocentos metros das estações;

d. Centralidades de transporte: centros de desenvolvimento econômico e de atividades, servidos por uma variedade de modos de transporte, principalmente prestação de serviços suburbanos e empregos na região. As densidades são, geralmente, mais altas em um raio de até quatrocentos metros das estações;

e. Bairros urbanos: possuem entre moderadas e altas densidades. Intensidades são normalmente distribuídas de maneira uniforme em um raio de oitocentos metros, com aumento na intensidade próximo às estações;

f. Bairros de trânsito: geralmente não possuem densidade suficiente para suportar muito comércio local. São tipicamente servidos por transporte ferroviário ou várias linhas de ônibus em um único local;

g. Distritos de uso especial: são organizados em torno de uma universidade ou estádio de esportes. As densidades são geralmente bem distribuídas em um raio de oitocentos metros em torno das estações, e;

h. Corredores de uso misto: oferecem boas oportunidades para desenvolvimento denso e diversificado. São foco para o desenvolvimento econômico e comunitário, mas não possuem um centro definido, embora o desenvolvimento seja geralmente mais intenso dentro de um raio de quatrocentos metros a partir das paradas de transporte.

No âmbito do DOT, diferentes localidades possuem determinadas vocações que variam de acordo com sua posição na rede, sua densidade e a intensidade de suas atividades. Cada área em torno de uma determinada estação, existente ou proposta, requer o desenvolvimento de estratégias específicas para que o modelo DOT seja aplicado. Contudo, diferentes zonas compartilham características semelhantes e, por esta razão, podem ser abordadas de maneiras análogas. Portanto, compreende-se que o conceito do DOT pode ser aplicado a diferentes contextos, escalas e realidades urbanas sem prescindir de seus princípios estruturadores.

2.3 Princípios mensuráveis e referências de cálculo para o modelo DOT

Em trabalhos anteriores, foi afirmado que o DOT é um modelo de desenvolvimento urbano que considera princípios mensuráveis e, portanto, programáveis, para melhorar o desempenho sustentável de bairros e centros urbanos sob a perspectiva da mobilidade urbana e do uso do solo (LIMA et al., 2016a; 2016b). Neste contexto, e considerando o sistema *CityMetrics*, entende-se necessário o estabelecimento de parâmetros-chave para avaliar configurações urbanas sob a perspectiva dos princípios do DOT.

As premissas fundamentais que estruturam o conceito do DOT para os objetivos desta pesquisa e, consequentemente, para o desenvolvimento do sistema apresentado neste livro, podem ser mensuradas por meio de características ou propriedades objetivas, como ***distância física, distância topológica***, densidade física, densidade populacional, contagem e posicionamento de equipamentos urbanos, entre outros.

O termo ***distância física***, no contexto deste livro, se refere àquela dada (em metros, por exemplo) pelo menor caminho disponível (considerando as inclinações no percurso) para conectar duas localidades, e não necessariamente pela linha reta entre dois pontos. Isto é, a distância física é dada pela distância percorrida para se alcançar um ponto B, partindo de um ponto A.

O termo ***distância topológica*** é aqui utilizado no mesmo sentido daquele proposto na teoria da sintaxe espacial, proposta por Hillier e Hanson (1984), ou seja, se refere ao número de ruas e número de mudanças de direção necessárias para se alcançar um determinado destino. Esta métrica será mais profundamente apresentada na subseção sobre acessibilidade ao transporte.

Tais premissas são articuladas por meio de quatro princípios básicos que permitem estabelecer as regras para a quantificação e análise de características fundamentais do DOT. São eles:

a. Acessibilidade ao transporte: de acordo com o modelo DOT, a proximidade de serviços, comércio e habitações em torno de estações de transporte é o critério para se mensurar a acessibilidade ao transporte;

b. Caminhabilidade: capacidade que uma determinada localidade possui de conectar habitações e diversos serviços urbanos por meio de distâncias que podem ser percorridas a pé, conferindo vitalidade às ruas e bairros;

c. Diversidade: variedade de usos e funções dentro de um mesmo distrito, proporcionando maior autonomia para os bairros;

d. Compacidade: é desejável que os bairros tenham uma densidade populacional que viabilize economicamente a instalação de diferentes modais de transporte, sem que isso reflita na perda de qualidade de vida (CERVERO; KOCKELMAN, 1997; CALTHORPE; FULTON, 2001; DITTMAR; OHLAND, 2004; SUZUKI et al., 2013).

Estes princípios podem ser aferidos por diversas métricas, que consideram atributos geométricos e algébricos:

a. O posicionamento e a qualificação da ocupação de cada lote, com relação à tipologia (vazio, casa térrea, sobrado, edifício com poucos pavimentos, edifício alto etc.) e ao uso (habitação, comércio, serviços, indústria etc.);

b. A categorização destes lotes com base nos critérios apontados no item (**a**) e a sua quantificação;

c. As distâncias físicas e topológicas entre diferentes pontos de interesse: por exemplo, entre uma residência utilizada para habitação e um serviço instalado em um edifício;

d. Índices que mostram a relação entre áreas residenciais e não-residenciais de uma determinada localidade (diversidade);

e. Indicadores relativos à densidade de lotes, quadras, bairros e cidades.

Acessibilidade ao transporte

Promover curtas distâncias até o sistema de transporte público significa conectar melhor a cidade, incentivar a caminhada, o ciclismo e a utilização deste mesmo sistema. A distância entre o usuário e a estação traz implicações substanciais para a viabilidade e a eficácia de um sistema de transporte público. ***Distância*** também é o nome dado ao parâmetro usado para registrar a proximidade ou a ***acessibilidade*** de uma estação a um determinado usuário (OGRA; NDBELE, 2014).

O termo ***acessibilidade***, para o desenvolvimento do *CityMetrics*, se refere ao grau de proximidade física ou topológica entre dois ou mais pontos, como estações ou paradas de transporte e os locais de moradia, trabalho e demais destinos de uma área urbana. Portanto, para este livro, este termo não está sendo utilizado para se referir à disciplina que busca promover o acesso de pessoas portadoras de algum tipo de deficiência ou mobilidade reduzida.

Referências de cálculo para aferir Acessibilidade ao transporte

A acessibilidade ao transporte em uma determinada área pode ser aferida por meio do cálculo da distância dos menores percursos entre a estação de transporte de referência e sua área de influência. Importa, sob esta noção, mensurar a distância física para a estação, considerando as inclinações no percurso, assim como a distância topológica, ou seja, o número de ruas e de mudanças de direção necessárias para se alcançar o destino. Assim, quanto menores as distâncias físicas e topológicas entre todos os destinos de uma determinada localidade e sua respectiva estação, maior a acessibilidade ao transporte deste bairro.

Gehl (2013, p. 121) afirma que "a distância aceitável de caminhada é um conceito relativamente fluido" e que a qualidade do percurso, a superfície, a quantidade de pessoas e os obstáculos no trajeto influenciam este dado. O autor reconhece ser necessário estabelecer uma meta para deslocamentos a pé ao afirmar que "o tamanho dos centros das cidades confirma a distância de quinhentos metros como um objetivo aproximado de uma caminhada aceitável".

De acordo com Gehl (2013, p. 121), a grande maioria dos centros das cidades tem um quilômetro quadrado de diâmetro, o que significa que uma caminhada desta distância, ou menos, levará os pedestres à maior parte dos serviços.

Cidades gigantescas, como Londres e Nova York, têm padrões equivalentes, já que se dividem em vários centros e bairros. O valor de um quilômetro quadrado também pode ser encontrado ao se mensurar os diversos centros dos bairros destas cidades, o que é um indício de que a distância de caminhada aceitável não muda só porque a cidade é grande (GEHL, 2013, p. 121).

Em concordância com o valor aceitável para Gehl, foi possível estabelecer que o valor de referência ideal para o tempo de deslocamento até uma estação de transporte é de até cinco minutos (Figura 2). Para distâncias a pé, isto seria equivalente a quatrocentos metros; para distâncias percorridas de bicicleta, mil e seiscentos metros (FARR, 2013; SUZUKI et al., 2013).

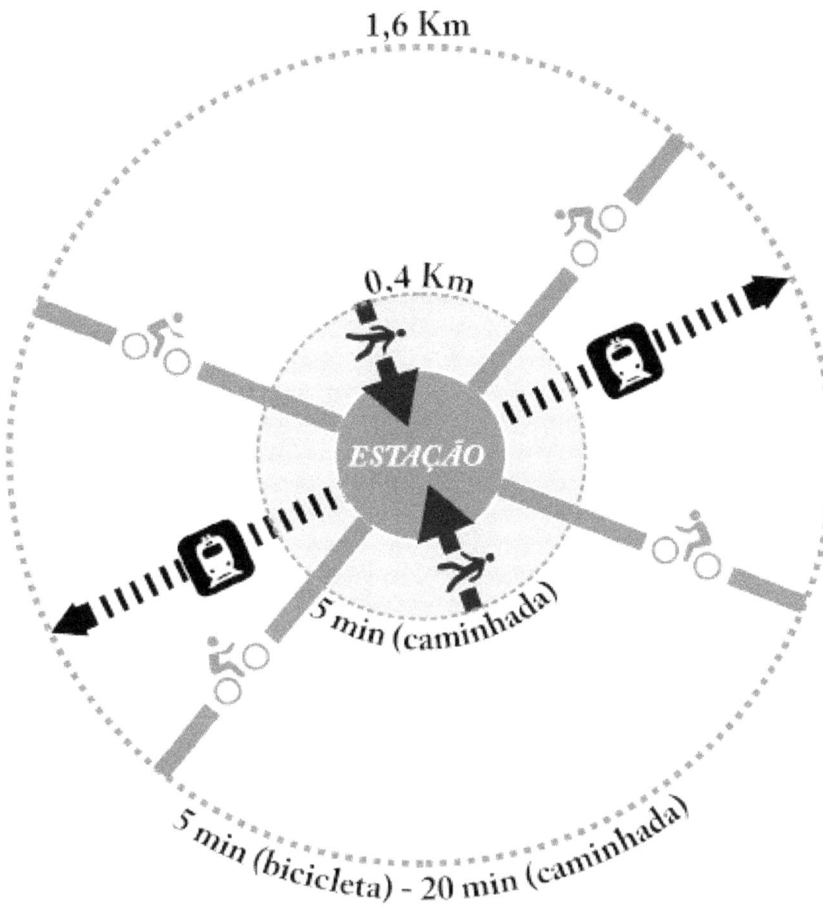

Figura 2. Valores de referência para deslocamentos ideais feitos a pé ou de bicicleta entre a estação e as demais localidades de um bairro. Fonte: Adaptado de Human Transit (2015).

Entretanto, estas medidas não podem ser determinadas por meio da relação simples entre a posição da estação e o desenho de um círculo (*buffer*) que delimite sua área de influência, uma vez que os percursos nas cidades nem sempre se dão em linhas que conectam diretamente dois pontos, mas em função do desenho das vias.

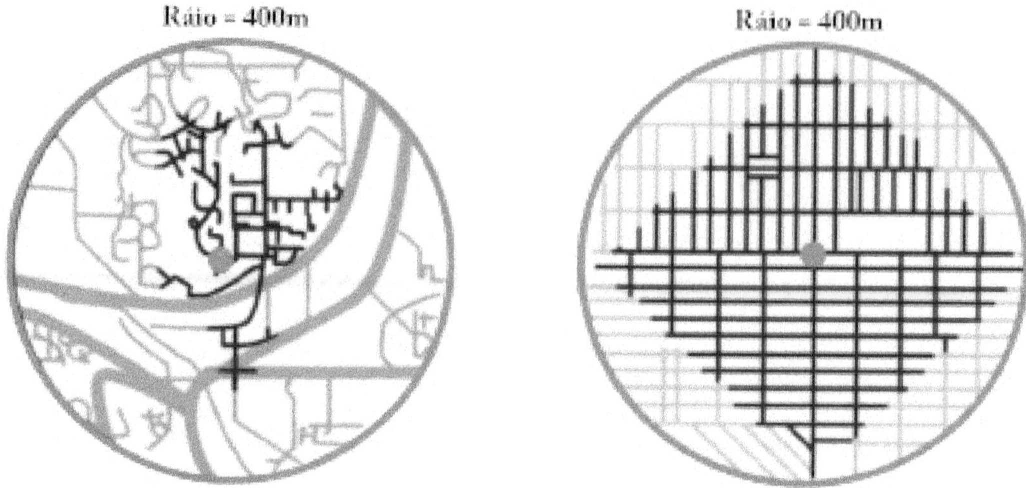

Figura 3. Diferença entre o método de cálculo que considera o desenho das ruas e o método linear. Fonte: Adaptado de Human Transit (2015).

A Figura 3 exibe a diferença entre a) o cálculo de percursos de 400m de distância para um determinado local de interesse, como uma estação de transporte (linhas pretas para o ponto vermelho), considerando o desenho das ruas em contraponto ao b) cálculo que considera um círculo de raio de 400m como limite. Assim, é fundamental considerar o traçado das ruas em que se dão os deslocamentos, para que as distâncias dos percursos sejam precisamente calculadas. Para tanto, regras de cálculo mais elaboradas deverão ser desenvolvidas no contexto do sistema *CityMetrics*.

Embora a meta de até quatrocentos metros para o transporte seja comumente aceita, não se pode compreendê-la como um limite rígido. Não faz sentido considerar que alguém que resida a 395 m da estação tenha plena acessibilidade ao transporte, enquanto seu vizinho, que vive a 405 m do mesmo ponto, esteja completamente isolado. A relação entre a distância física e a acessibilidade ao transporte é uma curva contínua, sem interrupções bruscas. Instrumentos que meçam o atendimento a este princípio devem considerar estas nuances.

Hillier e Hanson (1984) propõem a teoria da Sintaxe Espacial para descrever a as relações espaciais de uma determinada localidade utilizando medidas quantitativas (ou sintáticas), que possibilitam compreender aspectos importantes do sistema urbano, como a acessibilidade e a distribuição de usos do solo.

Dentre as medidas sintáticas, a principal é chamada ***integração***, utilizada para estimar fluxos de pedestres e veículos em um determinado espaço, o que lhe confere utilidade para o entendimento da dinâmica dos encontros sociais e do posicionamento de diferentes atividades urbanas. A integração mede quão profundo, ou distante, um determinado espaço (ruas ou vias, no contexto urbano) está de outros espaços do sistema (HILLIER et al., 1993). No entanto, este conceito de profundidade considera a distância topológica, e não a distância física. Quando se trata de distância topológica, é estabelecido que todos os espaços diretamente conectados estão a um passo topológico entre si. Espaços que se conectam por intermédio de um outro espaço estão a dois passos topológicos de distância, e assim sucessivamente. A profundidade média de um determinado espaço é, portanto, obtida pela somatória das profundidades de todos os demais espaços em relação a ele, dividida pelo número total de espaços menos um.

Uma outra medida sintática a ser considerada no contexto desta pesquisa é a ***conectividade***, que é utilizada para computar a quantidade de espaços que se interceptam, permitindo compreender a importância destas estruturas em uma rede. Espaços com alta conectividade tendem a ter um papel estruturador, uma vez que promovem, potencialmente, acesso a um grande número de outros espaços.

Caminhabilidade

Gehl (2013) defende que a cidade tende a se tornar mais viva, na medida em que mais pessoas se sintam convidadas a caminhar, pedalar ou permanecer nos espaços públicos, interagindo e trocando informações e oportunidades sociais e culturais. Caminhar por um bairro que possua parques, serviços e comércios que estejam diretamente conectados a uma pequena distância é, sem dúvida, uma atividade muito mais agradável que andar por regiões onde estes se encontram dispersos. Desta forma, o autor acredita que a presença de atividades diversificadas localizadas próximas umas das outras tende a trazer mais pessoas para o convívio no espaço urbano.

Esquema de fluxos internos cotidianos

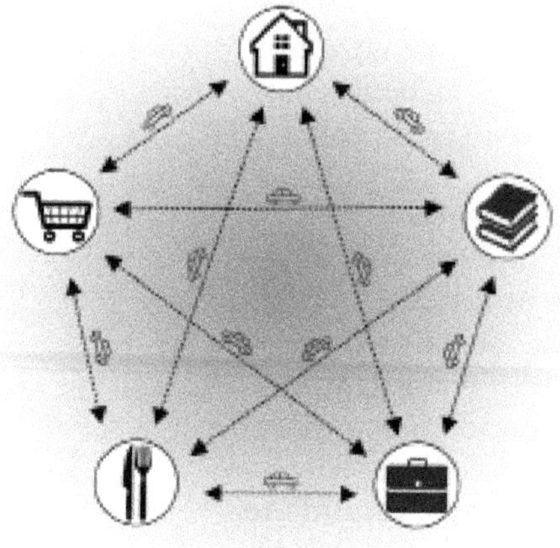

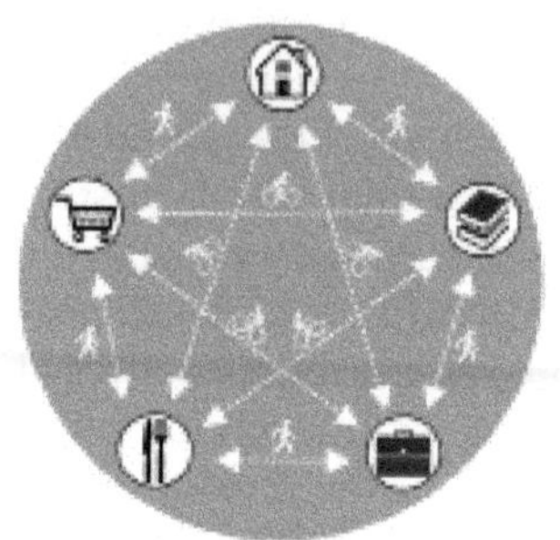

CIDADE DIFUSA: monofuncional com muitos deslocamentos

CIDADE COMPACTA: multifuncional com menos e menores deslocamentos

Figura 4. Modelo de metabolismo urbano defendido pelo DOT. Fonte: Adaptado de Stuchi e Leite (2015, p. 58-59).

Para Farr (2013), a caminhabilidade é a capacidade que um determinado bairro possui de conectar habitações, pontos de comércio e demais serviços por meio de distâncias que podem ser percorridas a pé, conferindo mais autonomia e menor dependência do automóvel a seus habitantes, oferecendo "uma rede viária em que se possa caminhar e um desenho que permita vida urbana e opções de transporte" (FARR, 2013, p. 109). Neste sentido, o princípio da caminhabilidade, no contexto do desenvolvimento do *CityMetrics*, tem o propósito de orientar a organização do espaço urbano para promover as menores distâncias possíveis aos inúmeros serviços em um bairro estruturado de acordo com o modelo DOT (Figura 4).

No caso específico da caminhabilidade, as análises ganham contornos mais complexos quando comparadas ao cálculo da acessibilidade ao transporte. Isso porque aqui interessa avaliar não apenas a distância para um equipamento único (no caso da acessibilidade ao transporte a estação), e sim o acesso a diferentes serviços essenciais à vida nas cidades, o que significa abordar:

a. quais categorias de serviços estão disponíveis em uma determinada vizinhança (educação, alimentação, comércio, entretenimento e recreação, entre outros);

b. qual a proximidade dos serviços em cada uma destas categorias, considerando distâncias físicas e topológicas;

c. qual a diversidade de atividades dentro de cada categoria. No caso da categoria educação, por exemplo, as atividades creches, escolas e faculdades desempenham papéis diferentes e igualmente importantes para a dinâmica de um bairro, e;

d. qual a quantidade de atividades disponíveis, o que possui correspondência direta com as ofertas em uma determinada área urbana.

A Tabela 1 apresenta um exemplo de classificação de serviços no âmbito da caminhabilidade, onde se torna mais explícita a relação entre as categorias e atividades:

Categorias	**Atividades**
Educação	Creche, Escola, Faculdade
Alimentação	Supermercado, Empório, Padaria
Comércio	Loja de departamento, Agência de Turismo, Banco
Entretenimento	Cinema, Teatro
Recreação	Praça, Parque

Tabela 1. Exemplo de classificação de serviços no âmbito da caminhabilidade.

Referências de cálculo para aferir Caminhabilidade

Diversas estratégias e instrumentos têm sido desenvolvidos no intuito de mensurar a caminhabilidade de um determinado local. Entre estes, destaca-se o ***Walkscore***, um algoritmo que, segundo Carr et al. (2011), gera uma pontuação para uma determinada localidade, baseada na distância entre ela e os locais de comércio e serviço mais próximos. Estes locais de comércio e serviço são classificados em cinco categorias (educação, alimentação, comércio, entretenimento e recreação). Para cada categoria, os locais encontrados à menor distância da localidade são tomados como referência para o cálculo do *Walkscore*, em uma determinada área. Os pontos das 5 categorias são somados e uma média ponderada é realizada, resultando no índice de caminhabilidade desta localidade para esta área.

Se o local de serviço mais próximo, para uma determinada categoria, está a até quatrocentos metros (cinco minutos de caminhada ou menos) de uma determinada localidade, então o número máximo de pontos (100) é atribuído para esta localidade nesta categoria. O número de pontos diminui à medida que a distância se aproxima de mil e seiscentos metros (aproximadamente 30 minutos de caminhada). Não são atribuídos pontos para locais de comércio e serviços a mais de mil e seiscentos metros de distância.

Cada categoria possui o mesmo peso e os pontos são somados e normalizados para produzir uma pontuação entre 0 a 100, o que permite classificar a caminhabilidade de uma determinada área , conforme a Tabela 2.

Pontuação	**Classificação**	**Definição**
90-100	Paraíso do pedestre (Walker´s paradise)	Percursos diários não demandam o uso de automóvel
70-89	Alta caminhabilidade (Very walkable)	A maior parte dos percursos podem ser vencidos a pé.
50-69	Parcialmente caminhável (Somewhat walkable)	Alguns percursos podem ser vencidos a pé.
25-49	Dependente do automóvel (Car-dependent)	A maioria dos percursos demandam automóvel
0-24	Dependente do automóvel (Car-dependent)	Quase todos os percursos demandam automóvel.

Tabela 2. Classificação de valores de Walkscore. Fonte: Walkscore (2014).

Frank et al. (2005) e Dobesova e Krivka (2012) utilizam o ***Walkability Index***, instrumento que pretende mensurar a caminhabilidade de uma determinada área. Para isto, o indicador considera quatro subíndices que avaliam diferentes aspectos:

a. Conectivity Index – também denominado *Intersection Index*, este subíndice, que adapta medidas da teoria da sintaxe espacial, calcula o número de interseções entre ruas por metro quadrado de uma determinada área. Quanto maior o número de interseções, mais conectada é a vizinhança, de acordo com este índice;

b. Entropy Index – tem o objetivo de indicar quão diverso é o uso de uma determinada área, de acordo com as seguintes categorias: residencial, comercial, serviços, industrial, institucional e outros;

c. Floor Area Ratio Index – índice que considera a proporção entre as áreas de cada serviço e a área total de sua respectiva categoria, e;

d. Household density index – índice que apresenta a densidade populacional de uma determinada localidade com base no número de domicílios.

Existem outros índices e instrumentos que tem o propósito de mensurar características relacionadas à caminhabilidade de uma determinada localidade. Algumas proposições adotam uma abordagem que integra dados da morfologia urbana e estatísticas sobre a ocupação da área em estudo a informações relacionadas à percepção do pedestre (ZACHARIAS, 2001; ZAMPIERI, 2006; JUNDIAÍ, 2015). Entretanto, considerando os objetivos traçados para o desenvolvimento do *CityMetrics*, os dois índices apresentados, *Walkscore* e *Walkability Index*, são os considerados como referência, por utilizarem dados essencialmente mensuráveis em suas abordagens.

Diversidade

Calthorpe (1993) entende que o estabelecimento de diversos usos na escala do bairro é um fator primordial para a sustentabilidade das cidades, e por isso reforça a importância de vizinhanças multifuncionais. Rogers (1997) defende o uso misto e a diversidade para um melhor aproveitamento de espaços, em uma lógica em que tudo acontece simultaneamente: morar, trabalhar, consumir e recrear-se em uma mesma área. Para tanto, serviços e comércios devem ser posicionados de modo a desestimular grandes deslocamentos. Neste sentido, bairros que tem diversos tipos de serviços incentivam os deslocamentos a pé, permitindo o contato e a integração de pessoas de diferentes culturas e classes, potencializando a qualidade de interação e de vida social. Panerai et al. (2013) defendem que a questão do tecido urbano não pode ser dissociada da experiência cotidiana da cidade. Neste contexto, ressaltam a importância da elaboração de projetos urbanos que estimulem o uso do espaço público por todos, com atividades que se misturam, edifícios que se adaptam e se transformam, e pelo estímulo ao desenvolvimento de vizinhanças com padrões mistos de ocupação.

O princípio da diversidade, no contexto do desenvolvimento do sistema *CityMetrics*, induz à distribuição equilibrada entre áreas residenciais e não residenciais em uma mesma vizinhança. Quanto mais equilibrada for esta relação, menor a quantidade de grandes deslocamentos, o que pode contribuir para a criação de bairros mais autônomos e sustentáveis, ou para a melhoria da qualidade de vida em áreas urbanas existentes. Este princípio, também fundamental para o conceito do DOT, atende à premissa da cidade polinucleada com centralidades multifuncionais, que defende que todos os serviços essenciais à vida urbana estejam acessíveis dentro de um bairro por meio de distâncias caminháveis, ou pelo uso de transportes coletivos e integrados que permitam acesso a outros bairros, igualmente diversos e caminháveis.

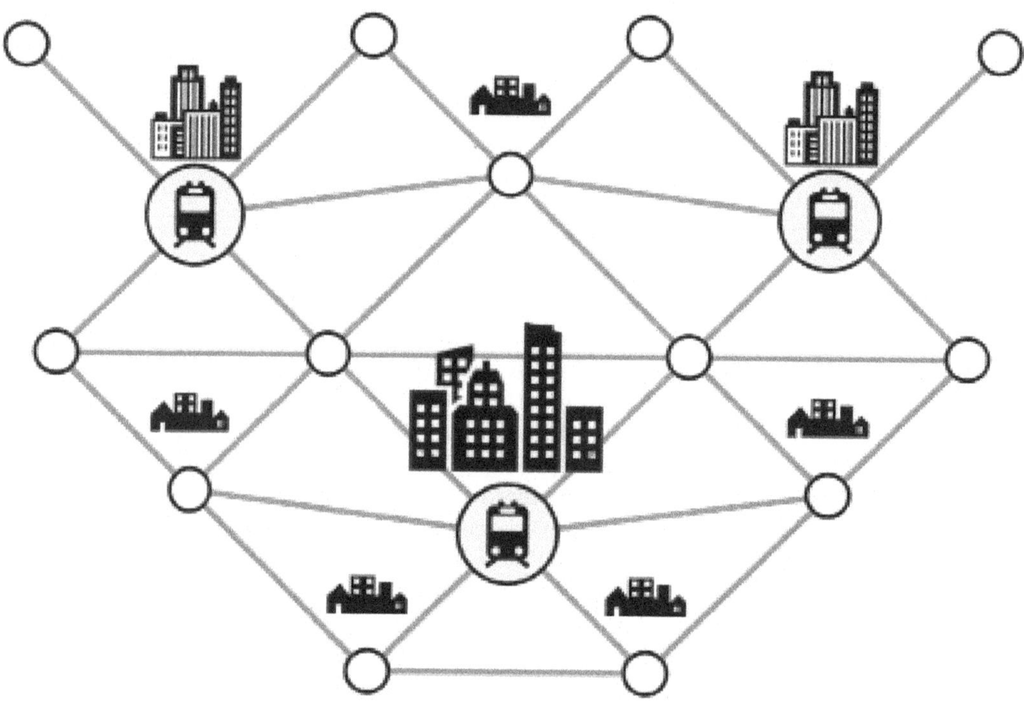

Figura 5. Modelo de cidade policêntrica. Fonte: Adaptado de Stuchi e Leite (2015, p. 56).

Corbella e Barbosa (2009) consideram que o modelo de organização em células para centros urbanos é uma estratégia eficiente para o desenvolvimento sustentável. Ao se organizar a cidade em núcleos diversificados, os serviços urbanos tornam-se descentralizados e pulverizados. O estabelecimento de interações entre os habitantes que fazem uso destes centros por meio de caminhadas, ou utilizando bicicletas, é facilitado. Isto significa que a diversidade é um princípio que indica a existência de uma rede de atividades e informações, que induz à redução de grandes deslocamentos, dando origem a uma cidade policêntrica e diversificada. A Figura 5 ilustra um modelo de cidade policêntrica, com vizinhanças articuladas em rede, conectadas por um sistema de transporte eficiente com diversidade de modais.

Referências de cálculo para aferir Diversidade

Hoek (2008) propõe um indicador para mensurar quão diversificada é uma determinada área urbana. Trata-se do *Mixed-Use Index* (MXI), que calcula a proporção entre a soma de todas as áreas residenciais e não residenciais de um bairro, conforme demonstrado na Tabela 3. Quanto mais próxima de 50/50 é relação entre as áreas, maior a diversidade de uma determinada área urbana.

MXI	**0/100**	**50/50**	**100/0**
Significado	Não residencial	Equilíbrio	Residencial
Tipo	Monofuncional	Uso misto	Monofuncional
Exemplos	Complexo Industrial ou comercial/serviços	Centro da Cidade	Subúrbio

Tabela 3. Valores de referência para o MXI. Fonte: Hoek (2008).

Compacidade

A compacidade em áreas urbanas é uma ideia defendida por diversos autores (DANTZIG; SAATY, 1973; ROGERS, 1997; GLAESER, 2011; LEITE, 2012; CHAKRABARTI, 2013; FARR, 2013; GEHL, 2013; SUZUKI et al., 2013; STUCHI; LEITE, 2015). Rogers (1997) afirma que cidades sustentáveis são compactas, pois este modelo de ocupação urbano propicia a otimização do desempenho de energia, a redução do nível de poluição e do consumo de recursos, além de oferecer as vantagens de se morar próximo ao local de trabalho e do outro, em uma busca pela redescoberta da proximidade.

Segundo Stuchi e Leite (2015), a noção de cidade compacta se sustenta em três pilares: a otimização de recursos, a inovação e a sustentabilidade. A otimização de recursos se dá à medida em que "maiores densidades urbanas potencializam as infraestruturas urbanas, as ruas e os sistemas de transporte, redes de cabos ou fibras e equipamentos públicos" (STUCHI; LEITE, 2015, p. 30). Além de aproximar pessoas e suas necessidades urbanas, cidades mais compactas desperdiçam menos investimentos públicos (STUCHI; LEITE, 2015). A inovação acontece em cidades compactas, porque estas "propiciam concentração de diversidade que gera inovação e oportunidades únicas (seja em termos de conhecimento, cultura ou desenvolvimento econômico)" (STUCHI; LEITE, 2015, p. 30).

Densidades mais altas promovem o encontro, a diversidade e otimizam o uso de infraestruturas urbanas e recursos públicos, além de promoverem economia de recursos per capita, principalmente energéticos, menor produção de resíduos e de gases de efeito estufa. Ou seja, "cidades compactas são mais sustentáveis" (STUCHI; LEITE, 2015, p. 31). Para Rogers (1997), a cidade compacta, além de ser sustentável, promove maior autonomia a áreas urbanas, abrigando atividades diversas e que, ao mesmo tempo, se complementam e sobrepõem. Para Leite (2012), "a opção pelos parâmetros advindos da cidade compacta tem sido consenso internacional" (LEITE, 2012, p. 135). A Figura 6 ilustra a lógica defendida.

Conforme mencionado anteriormente, um desafio crítico voltado para aqueles que pensam e planejam a cidade é o alto nível de dependência do automóvel. Desenvolvimentos de baixa densidade têm influência direta nesta questão. Assim, Ogra e Ndebele (2014) apontam que as áreas urbanas devem ser concebidas de maneira a suportar desenvolvimentos de alta densidade, complementados por uso do solo misto e investimentos em sistemas de transportes públicos. A este respeito, altas densidades estão normalmente relacionadas a menores distâncias médias de viagem para todos os modais. Este quadro encoraja a ocupação e remodelação ao longo dos corredores de trânsito dentro dos bairros, com o objetivo de permitir que o sistema funcione de forma eficiente. A principal premissa do desenvolvimento de alta densidade assume que

O zoneamento das atividades induz à utilização e dependências do automóvel particular

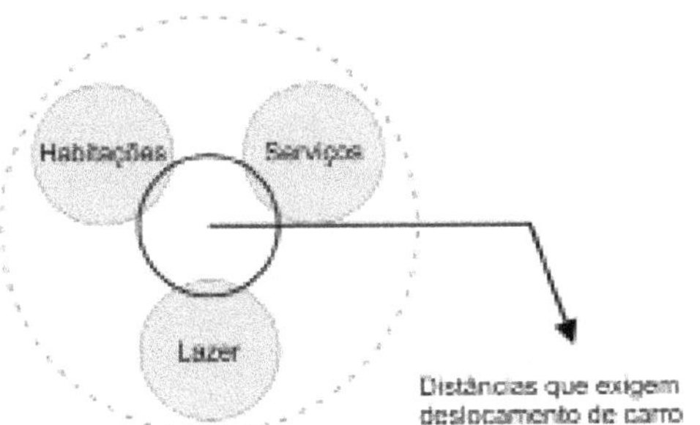

Núcleos compactos reduzem as distâncias e permitem o deslocamento a pé ou de bicicleta

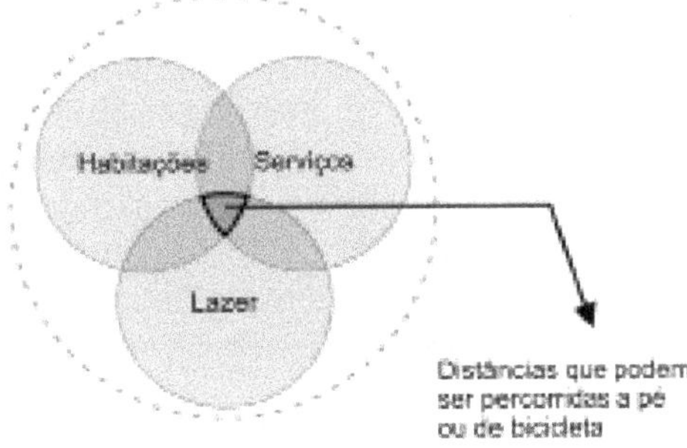

Figura 6. Esquema de funcionamento da cidade compacta. Fonte: Adaptado de Rogers (1997, p.39).

edifícios residenciais devem estar perto de grandes nós de transporte e de locais de trabalho, aumentando a aceitação de modos de transporte mais sustentáveis.

Portanto, foi confirmado que a compacidade é um princípio fundamental na lógica do DOT, uma vez que induz ao adensamento de áreas urbanas por meio da verticalização e da concentração de atividades e equipamentos. Instrumentos para mensurar diferentes aspectos da densidade de uma área urbana são indispensáveis para articular relações entre os serviços disponíveis, os modais de transportes e a quantidade potencial de pessoas que podem residir e trabalhar em uma determinada localidade.

Referências de cálculo para aferir Compacidade

Pont e Haupt (2010) propõem uma abordagem de múltiplas variáveis para medição de diferentes indicadores de densidade, o *Spacematrix*. Este conjunto de índices faz parte de um método que permite analisar tipos urbanos a partir da gestão de uma grande quantidade de dados sem, no entanto, estabelecer definições detalhadas.

O *Spacematrix* é constituído por três indicadores: Intensidade (*Floor Space Index* -FSI), Cobertura (*Ground Space Index* - GSI) e Densidade da rede (*Network density* -N). O indicador de

Intensidade (FSI) reflete a intensidade de construção, dado pela divisão entre a área total construída e a área do local que se analisa. O indicador de Cobertura (GSI) demonstra a relação entre espaços construídos e não construídos, e é calculado por meio da razão entre a área ocupada no solo e a área do local que se analisa. O indicador de Densidade de Rede (N) refere-se à concentração de redes em um dado tecido, e é obtido por meio da divisão entre o somatório da extensão das ruas internas com a metade do perímetro das ruas que delimitam uma área, mais a área total do local que se analisa (PONT; HAUPT, 2010).

Os indicadores de *Spacematrix* são instrumentos dinâmicos que fornecem avaliações objetivas das questões de densidade e podem ser adaptados às diversas escalas urbanas (edifício, lote, quadra, tecido e bairro), o que os credenciam como um importante instrumento para o desenvolvimento do *CityMetrics*. A Figura 7 ilustra os parâmetros de cálculo empregado.

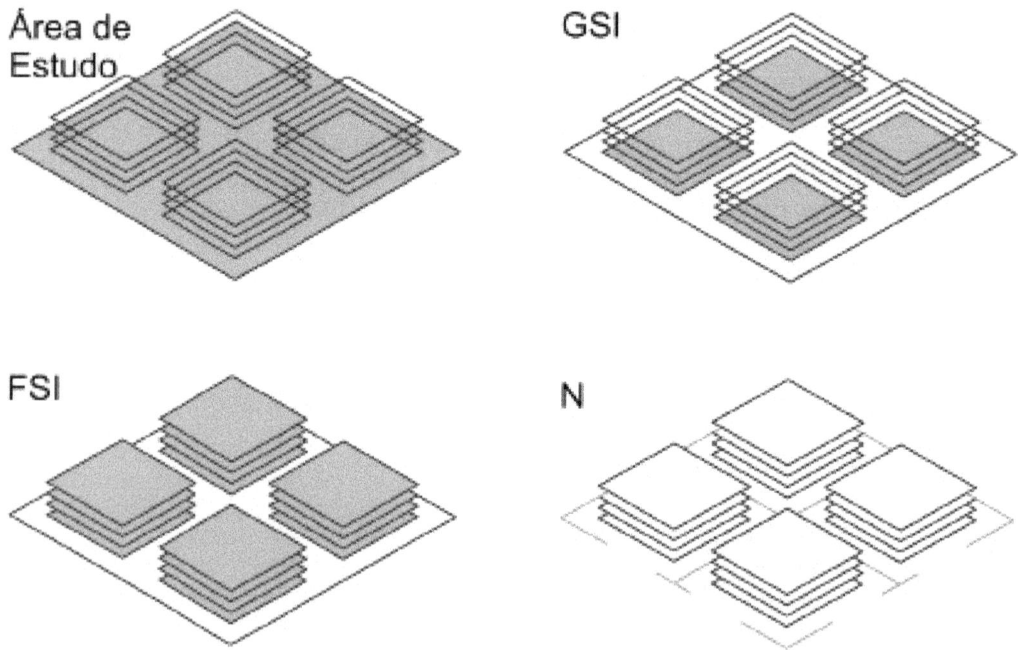

Figura 7. Ilustração dos parâmetros de cálculo para FSI, GSI e N. Fonte: Adaptado de Pont e Haupt (2010, p.77).

Um outro aspecto importante a ser considerado no contexto da compacidade diz respeito à relação entre densidades habitacionais e diferentes modais de transporte. Neste sentido, Pushkarev e Zupan (1977) estabelecem densidades residenciais mínimas necessárias, em unidades residenciais por hectare, para dar suporte a diferentes modais de transporte, como apresentado pela Tabela 4.

Modal	**Serviço**	**Densidade mínima**
Ônibus local	Mínimo: paradas a cada 800m, 20 ônibus por dia	10,0
Ônibus local	Intermediário: paradas a cada 800m, 40 ônibus por dia	17,5
Ônibus local	Frequente: paradas a cada 800m, 120 ônibus por dia	37,5
Ônibus Expresso (Acessado a pé)	Cinco ônibus durante um período de pico de duas horas	37,5 Cobertura de $5km^2$
Ônibus Expresso (Acesso por carro)	De cinco a dez ônibus durante um período de duas horas	7,5 Cobertura de $50km^2$
Metrô leve	Partidas a cada cinco minutos ou menos (horário de pico)	22,5 65 a $260Km^2$
Ônibus em corredor	Partidas a cada cinco minutos ou menos (horário de pico)	30 Corredor de 260 a $390Km^2$
Trem suburbano	20 trens por dia	2,5 a 5,0

Tabela 4. Densidades residenciais mínimas para diferentes modais de transporte. Fonte: Pushkarev e Zupan (1977).

2.4 Reflexões sobre o modelo DOT

Planejar cidades de modo eficaz e sustentável se faz necessário para reduzir os impactos do paradigma atual de mobilidade e promover a requalificação de centros urbanos. Neste cenário, o modelo DOT tem tido crescente adesão em todo o mundo, pois é fundamentado em princípios mensuráveis para melhorar o desempenho (sob a perspectiva da mobilidade e do uso do solo sustentáveis) de bairros e cidades, por meio de uma ordenação urbana que dá prioridade à proximidade ao transporte e a demais serviços essenciais, a distribuição equilibrada de atividades e a compactação e ao adensamento dos centros urbanos.

O DOT é um modelo dependente de múltiplas variáveis e utiliza referências mensuráveis como estratégia para qualificar a vida urbana. Por esta razão, torna-se possível identificar atributos quantificáveis, ou métricas, que podem ser utilizadas para analisar e propor cidades mais dinâmicas, caminháveis, compactas e diversificadas. Desta forma, o DOT pode ser utilizado como referencial teórico, e suas regras podem ser exploradas na prática, por meio do uso de recursos algorítmico-paramétricos, como referência para o desenvolvimento do sistema *CityMetrics*, apresentado neste livro.

3
Aplicações computacionais para problemas urbanos

"A matemática é o alfabeto com o qual
Deus escreveu o universo"
Autor desconhecido, adaptado de Galileu Galilei

Este capítulo apresenta um panorama da aplicação de modelos e recursos computacionais no contexto do planejamento e projeto urbano. As pesquisas que compõem este panorama foram utilizadas como referencial para identificar que funcionalidades e instrumentos poderiam ser incorporados ao sistema *CityMetrics*, apresentado neste livro.

3.1 Lógica algorítmico-paramétrica no contexto urbanístico

O uso de recursos algorítmico-paramétricos no planejamento e projeto das cidades é relativamente recente, em relação à aplicação de ferramentas digitais no campo da arquitetura, que começaram a ser utilizadas no final da década de 1960 (HENRIQUES, 2013). O impacto cada vez maior das tecnologias computacionais na prática de projeto arquitetônico não encontra, até os dias de hoje, um rebatimento equivalente no contexto da proposição em áreas urbanas. Aplicações computacionais no campo do urbanismo, apesar de crescentes, existem em menor quantidade e não são tão desenvolvidas quanto às voltadas para a arquitetura (STEINØ; VEIRUM, 2005; GIL et al., 2010; DUARTE et al., 2012).

Os recursos computacionais possuem grande potencial para contribuir significativamente no suporte a solução de problemas das cidades, pois permitem realizar estudos e simulações que permitem verificar a dinâmica (intervenção, atualização e avaliação de modificações) das partes que representam um sistema complexo, como é o caso dos centros urbanos.

Para contextualizar a abordagem do sistema apresentado neste livro, foi preciso investigar como se dá a implementação da lógica algorítmico-paramétrica na escala urbana. A seguir, são delineados os conceitos de lógica algorítmica e modelagem paramétrica: a partir deste delineamento, será apresentada a definição de lógica algorítmico-paramétrica que orienta o desenvolvimento do *CityMetrics*.

Lógica algorítmica

Menges (2006) define que o ato de projetar, enquanto disciplina, surge como forma de abstrair e avaliar possíveis alternativas de configuração, cenários e concretizações, sem que seja necessário materializar fisicamente cada possível solução. Neste contexto, Mitchell e McCullough (1991) identificam a aplicação de recursos computacionais como alternativa aos processos convencionais de projeto, uma vez que a utilização do computador expande a capacidade de processamento de parâmetros e interações, permitindo visualizar e avaliar, de maneira mais rápida e dinâmica, diferentes alternativas e soluções para um determinado problema.

Paralelamente, Picon (2006) identifica duas abordagens quanto à utilização de recursos computacionais em processos criativos. A primeira entende o computador apenas como ferramenta que oferece recursos avançados, capazes de gerar resultados sofisticados, entregando a mesma quantidade de soluções em um menor intervalo de tempo, em relação a métodos analógicos. Nesta lógica, entende-se que o computador não influencia significativamente a natureza dos resultados obtidos; portanto, não seria necessário ou mesmo desejável, o aprofundamento do usuário a respeito do funcionamento de seus processos internos. A segunda postura, com a qual esta investigação se alinha, considera inevitável o estudo de programação e de processos algorítmicos para conferir um uso mais frutífero aos recursos computacionais em atividades criativas. Assim, pretende-se estudar o conjunto das soluções aplicadas a experiências anteriores, como forma de propor e explorar uma ampla gama de soluções potenciais em contextos menos restritivos.

Terzidis (2006) define algoritmo[3] como um procedimento que utiliza uma sequência finita de instruções para resolver um determinado problema; Tedeschi (2014) afirma que um algoritmo é uma sequência finita de instruções bem definidas e não ambíguas, utilizada para fornecer uma solução a uma pergunta ou para realizar uma determinada tarefa. Trabalhar com algoritmos, ou na lógica algorítmica, significa decompor um determinado problema em etapas simples que possam ser computadas e associadas, por meio de um conjunto de instruções bem definidas, com o propósito de resolvê-lo. Isto implica em adotar um pensamento abstrato e associativo, além de clareza na hierarquização de informações. Um algoritmo, portanto,

[3] O termo ***algoritmo*** possui sua origem no sobrenome Al-Khwarizmi, matemático persa do século IX (TEDESCHI, 2014, p.22).

não precisa de um software para ser criado ou implementado; é possível implementar um algoritmo fora de ambientes computacionais

Neste panorama, Kilkelly (2015) afirma que o pensamento algorítmico é o oposto do pensamento intuitivo, uma vez que utiliza um processo com etapas e procedimentos definidos para a resolução de um determinado problema. A ênfase está no objetivo - o problema é resolvido ou não. Isto é, programar requer pensamento algorítmico e este modo de estruturar o raciocínio pode ser bastante eficiente no desenvolvimento de abordagens a questões urbanas.

No contexto da arquitetura e do urbanismo, diversos autores consideram que o uso de algoritmos, associados à grande capacidade de processamento de instruções matemáticas de um computador, permite manipular de maneira eficiente uma grande quantidade de dados, cálculos e interações. Desta forma, as possibilidades analíticas e propositivas do homem seriam potencializadas, dando origem a novos cenários criativos e de avaliação (MITCHELL, 1977; OXMAN, 2006; TERZIDIS, 2006; WOODBURY, 2010; SCHEER, 2014; TEDESCHI 2014; VEREBES, 2014).

Assim, o uso da lógica algorítmica como suporte a tarefas de projeto urbano pode ser fundamental para o desenvolvimento de uma estratégia mais eficiente e dinâmica, quando se trata da gestão e proposição de soluções para os problemas complexos das cidades. Este paradigma é suportado pelo uso de regras e padrões criados especificamente para lidar com um grande fluxo de informações, dando subsídio à implementação de ferramentas ou instrumentos especificamente desenvolvidos para abordar um ou mais problemas em particular, e pode ser empregado em diversos contextos e objetivos. Trata-se de uma abordagem ampla, do ponto de vista do uso, pois pode ser aplicada em diversas situações. Ao mesmo tempo, do ponto de vista da aplicação, pode ser vista como específica, porque pode ser personalizada de acordo com necessidades bastante particulares.

Modelagem paramétrica

Velten (2009) descreve a *modelagem matemática*, ou simplesmente *modelagem*, como a área do conhecimento que utiliza modelos matemáticos para a simulação de sistemas reais, com o objetivo de prever seu comportamento. Portanto, a modelagem matemática pode ser definida como uma abordagem metodológica que pretende descrever um determinado fenômeno (e.g. distribuição de cargas em um edifício, comportamento aerodinâmico de um automóvel) para que se obtenha previsões ou informações sobre seu comportamento. A este respeito, Minsky (1968) acrescenta que, para um observador B, um objeto A' é um modelo de um objeto A, na medida em que B pode usar A' para responder às perguntas que lhe interessam sobre A.

A modelagem paramétrica para o desenvolvimento de modelos tridimensionais, no entanto, apresenta fundamentos e paradigmas diferentes de modelagem convencional para o mesmo fim; objetos modelados parametricamente podem ter suas partes relacionadas e modificadas de maneira coordenada.

Modelar parametricamente, portanto, significa definir os parâmetros necessários para uma especificação completa ou relevante de um modelo (WOODBURY, 2010), o que demanda algumas habilidades por parte do modelador:

a. conceber fluxos de dados;
b. pensar de modo abstrato;
c. pensar matematicamente e;
d. pensar algoritmicamente.

Para Silva e Amorim (2010), a modelagem paramétrica é regulada pela declaração dos parâmetros de um objeto particular. Isto é, a modelagem paramétrica apresenta uma abordagem essencialmente sistêmica, que permite considerar relações entre os diversos elementos de um código, possibilitando constituir um verdadeiro complexo de elementos em interação - um todo que se caracteriza pelas relações entre suas partes. Henriques e Bueno (2010) entendem que a modelagem paramétrica em contexto algorítmico corresponde à codificação de regras ou relações lógicas e geométricas e paramétricas em uma determinada sequência para resolver um problema específico.

Para Silva (2010), a aplicação da modelagem paramétrica como suporte a tarefas de planejamento urbano possui grande potencial para melhorar a sistemática de desenvolvimento e avaliação de projetos, contribuindo para aumentar a qualidade da argumentação das equipes de desenvolvimento em suas propostas, uma vez que os componentes de um modelo urbano em um ambiente de computacional, assim como os objetos de um projeto arquitetônico modelado em 3D, também compartilham similaridades que podem ser definidas parametricamente.

Atributos como densidade, uso, forma, espaço e tipologia - que tipicamente pertencem ao planejamento urbano - podem ser definidos parametricamente (STEINØ; VEIRUM, 2005). Sendo assim, é possível utilizar a modelagem paramétrica para projetar espaços urbanos mais eficientes e dinâmicos, utilizando diferentes parâmetros e atributos para criar alternativas e cenários, de modo a que sejam feitas avaliações de prós e contras a respeito destas decisões.

Lógica algorítmico-paramétrica

O termo lógica algorítmico-paramétrica é utilizado, para o desenvolvimento do *CityMetrics*, para se referir a uma abordagem metodológica que pressupõe a associação entre a lógica algorítmica e a modelagem paramétrica. Compreende uma forma de pensamento orientada à logica de programação com o objetivo de conferir um uso mais frutífero aos recursos computacionais em atividades criativas e, especificamente no contexto deste trabalho, em atividades de análise e proposição de projetos urbanos. Estas atividades são:

a. decompor uma determinada questão em um conjunto de etapas simples, para que sejam computadas e associadas de maneira a fornecer, por meio de um conjunto de instruções ou ferramentas, uma resposta a uma questão colocada ou uma solução a um problema proposto e;

b. definir atributos, ou parâmetros, necessários para uma especificação completa ou relevante do modelo a ser elaborado, para que sejam estabelecidas relações entre diferentes partes deste modelo. Desta forma, alterações em uma parte do modelo podem causar modificações em outras partes, de maneira coordenada.

Para que esta abordagem fosse testada e implementada, foram utilizados conhecimentos de programação para elaborar os códigos que deram origem às ferramentas que fazem parte do sistema proposto. Este desenvolvimento foi realizado no ambiente computacional Grasshopper (RUTTEN, 2007), linguagem de programação visual oferecida como *add-on* (ou *plug-in*) no software de modelagem tridimensional Rhinoceros 3D (MCNEEL, 1980).

Implementar a lógica algorítmico-paramétrica ou construir algoritmos significa relacionar objetos a dados, condições e variáveis, o que implica em pensar nas relações entre as partes e como tais relacionamentos são compostos e recompostos. As atividades de relacionamento e recomposição, do ponto de vista computacional, fazem com que os modelos paramétricos sejam muito diferentes dos sistemas tradicionais de modelagem digital. Tais recursos permitem a elaboração de propostas flexíveis, capazes de responder a modificações e por manterem a capacidade de um dado modelo alterar-se constantemente; desta forma, uma grande quantidade de versões pode ser gerada e testada dentro de um ambiente controlado, a partir da alteração de um ou mais parâmetros específicos.

3.2 Modelos teóricos para o desenvolvimento de aplicações computacionais no contexto urbano

A presente seção tem o objetivo de apresentar considerações a respeito de alguns modelos teóricos criados para dar suporte ao desenvolvimento de aplicações computacionais orientadas a contextos urbanísticos.

Os modelos examinados não se enquadram, necessariamente, na lógica algorítmico-paramétrica que orienta o desenvolvimento do *CityMetrics*, mas foram importantes para dar fundamentação à pesquisa. A investigação sobre os métodos permitiu compreender de que forma estes orientaram a elaboração de sistemas e ferramentas computacionais associadas, que tiveram por objetivo auxiliar profissionais na análise e proposição de soluções para problemas urbanos.

Desta forma, são apresentados que tipo de suporte e recursos estes sistemas computacionais, criados sob orientação dos respectivos modelos teóricos, oferecem a seus usuários. Estas informações foram utilizadas como auxiliares na tarefa de enquadrar o sistema *CityMetrics* em relação a outros desenvolvimentos realizados nesta área.

City Induction

O projeto de pesquisa *City Induction* foi coordenado pelo professor José Pinto Duarte entre setembro de 2007 e agosto de 2011, vinculado ao Centro de Investigação em Arquitetura, Urbanismo e Design (CIAUD), da Universidade de Lisboa, com apoio do laboratório *Living Labs*, do *Massachusetts Institute of Technology* (MIT). O *City Induction* contou com a participação dos pesquisadores Nuno Montenegro, José Nuno Beirão e Jorge Gil.

Segundo Duarte et al. (2012), o objetivo da pesquisa foi desenvolver um modelo teórico para dar fundamentação à criação de instrumentos integrados para a realização de projetos urbanos, com base na utilização de tecnologias digitais. *City Induction* adota como ponto de partida três teorias existentes: a linguagem de padrões de Alexander et al. (1977), a sintaxe espacial de Hillier e Hanson (1984) e a gramática da forma de Stiny e Gips (1972), de maneira a "procurar integrar essas teorias para criar o modelo desejado" (DUARTE et al., 2012, p. 82, tradução nossa). Consequentemente, este modelo teórico prevê o desenvolvimento de três submodelos, relacionados à formulação, avaliação e geração de projetos urbanos, conectados e articulados por meio de uma ontologia[4], conforme apresentado na Figura 8.

[4] De acordo com Gruber (1993), uma ontologia é um modelo de dados que representa um conjunto formal de conceitos, a partir de domínios reais ou imaginados, e das relações entre eles.

O primeiro submodelo diz respeito à formulação de problemas urbanos e estabelece suas fundações na linguagem de padrões de Alexander et al. (1977), partindo de diretrizes de projeto existentes e de bases de dados geoespaciais para criar um sistema capaz de gerar as especificações de um projeto urbano. Para isto, o sistema leva em consideração as características físicas do local, as características socioeconômicas de sua população e define as especificações programáticas para este contexto.

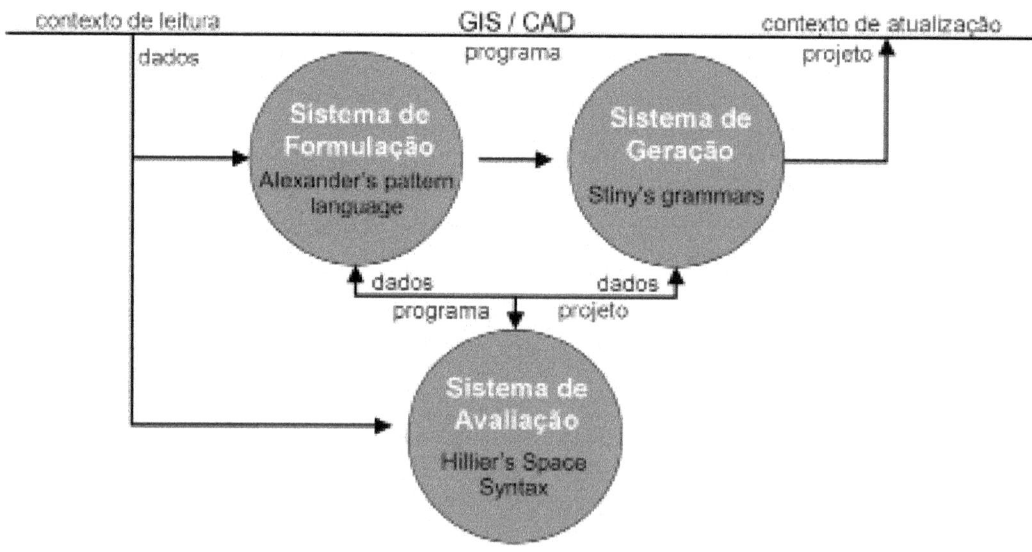

Figura 8. Estrutura conceitual do projeto City Induction. Fonte: Adaptado de Duarte et al (2012, p. 84).

O segundo submodelo dá subsídios à criação de um sistema para gerar soluções alternativas de projeto a partir de uma linguagem genérica de design urbano que é progressivamente restringida e manipulada ao longo do processo de projeto - o modelo de geração. Este submodelo examina as gramáticas descritivas e da forma de Stiny e Gips (1972) para codificar as regras de sintaxe de um projeto em questão, de maneira a gerar soluções que correspondam às especificações definidas pelo sistema e sejam apropriadas para determinado contexto.

O terceiro submodelo tem como alvo o desenvolvimento de um sistema de avaliação de projeto urbano. Este submodelo toma como ponto de partida a teoria da sintaxe espacial de Hillier e Hanson (1984), orientado ao estudo de configurações espaciais topológicas e geométricas, incorporando-as "a teorias de formas urbanas sustentáveis, como a cidade compacta" (DUARTE et al., 2012, p. 83, tradução nossa). Este submodelo dá suporte à avaliação de aspectos sociais, ambientais e de infraestrutura, por meio da aplicação de uma gama de técnicas de análise espacial, incluindo análise de rede, mineração de dados[5] e reconhecimento de padrões. Seu objetivo principal é o de fornecer uma base para comparar e classificar soluções alternativas para planos urbanos.

[5] Mineração de dados é um subcampo da ciência da computação, que abriga processos computacionais utilizados para a descoberta de padrões em grandes conjuntos de dados.

O projeto *City Induction* possui, como desdobramentos, as pesquisas de doutorado e, consequentemente, os modelos teóricos que fundamentam o desenvolvimento das aplicações computacionais propostas por Beirão (2012) e Montenegro (2015), que serão examinados em sequência.

CItyMaker

Em sua tese de doutorado intitulada *CItyMaker*, Beirão (2012) concentrou-se no desenvolvimento de ferramentas generativas para o desenho urbano, em um desdobramento do projeto de pesquisa *City Induction*, em que o escopo da pesquisa era relacionado ao planejamento urbano. Este sistema foi desenvolvido a partir de um modelo teórico, também denominado *CItyMaker*, que utiliza ferramentas baseadas em gramáticas da forma[6] (Stiny e Gips, 1972). Estas ferramentas foram verificadas a partir de duas implementações de protótipos, como provas de conceito[7].

Beirão (2012) apresenta um sistema que tem a finalidade de propor soluções para um determinado contexto urbano, utilizando um conjunto de padrões de design que, combinados,

[6] A gramática da forma consiste em um sistema de geração de formas baseado em regras (CELANI et al., 2006).

[7] Prova de Conceito, do inglês *Proof of Concept* (PoC), é um termo utilizado para denominar um modelo prático que possa provar o conceito (teórico) estabelecido por uma pesquisa ou artigo técnico (PINHEIRO, 2010).

pretendem atuar como interpretadores da "codificação de movimentos tipicamente utilizados em tarefas de projeto urbano" (BEIRÃO, 2012, p. 13, tradução nossa). A combinação de padrões traz, como resultado, diferentes leiautes que podem ser ajustados por meio da manipulação de diversos parâmetros, considerando vários indicadores.

Os padrões implementados foram desenvolvidos a partir da observação de procedimentos típicos de projeto urbano, codificados como gramáticas discursivas para que fossem traduzidos como padrões de projeto em ambiente algorítmico-paramétrico (BEIRÃO, 2012). A teoria da gramática da forma permite estabelecer duas abordagens básicas: as gramáticas generativas e as gramáticas discursivas. Enquanto as gramáticas generativas podem ser utilizadas na geração automática de formas, as gramáticas discursivas podem ser empregadas como um processo analítico, que permite descrever as regras subjacentes à geração de um determinado projeto (CELANI et al., 2006).

Deste modo, o sistema e as ferramentas de *CItyMaker* permitem que a composição das soluções de um dado projeto se dê a partir de um conjunto de premissas, que podem ser dinamicamente modificadas de acordo com a alteração de parâmetros. Ao mesmo tempo, para cada solução estudada, é possível verificar as mudanças nos respectivos indicadores urbanos e avaliar se tais alterações atendem ou não aos requisitos do projeto.

CityPlan

Montenegro (2015), em sua tese intitulada *CityPlan*, propõe "o desenvolvimento de um modelo para a formulação de programas urbanos, que inclui a criação de um sistema e de uma ferramenta informática associada" (p. 3). Este modelo teórico se enquadra em um contexto amplo de pesquisa, que inclui o projeto *City Induction*, e consiste no que o autor define como uma "plataforma modular para a criação de soluções flexíveis de planejamento, que incorpora um fluxo de trabalho e funções que permitem uma rápida alteração de *standards* de classificação de entidades urbanas" (p. 29).

Em síntese, o *CityPlan* pode ser definido como um sistema de informação geográfica orientado por ontologias, com o propósito de identificar e classificar dados geoespaciais, bem como localizar automaticamente equipamentos públicos coletivos, de acordo com regras de localização pré-definidas. O modelo proposto por Montenegro (2015) para a formulação de programas urbanos engloba duas estruturas principais de conhecimento que funcionam interligadas, conforme ilustra a Figura 9.

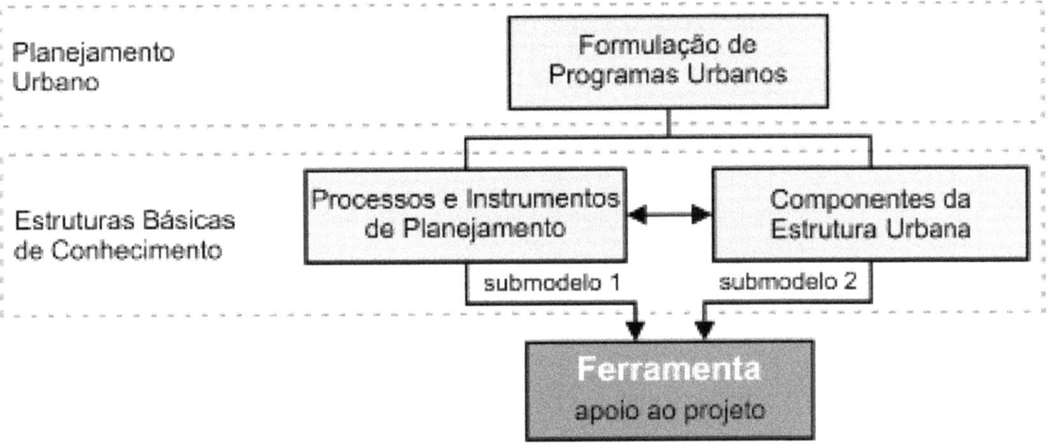

Figura 9. Modelo proposto por Montenegro para o desenvolvimento do CityPlan. Fonte: Adaptado de Montenegro (2015, p. 72).

Desta forma, uma vez identificados os requisitos principais de um determinado projeto urbano, torna-se possível obter "um conjunto básico de recomendações adequadas para dar suporte à elaboração de estratégias de programação espacial e ao desenvolvimento de alternativas consistentes para o desenho urbano" (MONTENEGRO, 2015, p. 3).

A tese de Montenegro (2015) trouxe outra contribuição importante para o desenvolvimento do sistema *CityMetrics*: por meio do estudo do *CityPlan* foi possível perceber a importância da implementação de testes para avaliar e validar as ferramentas desenvolvidas.

O modelo proposto por Montenegro passou por um teste prático por meio de um workshop, realizado durante o seminário *Measuring Urbanity: densities, networks and urban fabrics* e *do workshop internacional - City Induction: urban design with patterns and rules (Measuring Urbanity),* realizado em Lisboa, de 7 a 12 maio de 2012, na Faculdade de Arquitetura da Universidade de Lisboa. Na oportunidade, os participantes utilizaram o sistema, o que possibilitou ao pesquisador "recolher dados decorrentes da utilização de *CityPlan* em contexto real, para melhorar a compreensão acerca dos diversos níveis de funcionalidade da ferramenta" (MONTENEGRO, 2015, p. 141). Com base neste trabalho, compreendeu-se a necessidade de se implementar um processo de avaliação e validação do desenvolvimento do sistema *CityMetrics*, uma vez que isto pode trazer, para o desenvolvimento do produto, importantes informações acerca da funcionalidade do sistema e das ferramentas que se pretende elaborar.

configurbanist

Nourian et al. (2015), em artigo apresentado na conferência eCAADe 2015[8], em Viena, apresentam um conjunto de ferramentas algorítmico-paramétricas associadas a objetos, denominado *configurbanist.* Este modelo teórico tem como objetivo contribuir para o desenvolvimento de um sistema abrangente "para análise de redes urbanas, considerando aspectos cognitivos e físicos relacionados às atividades de caminhar e do ciclismo em relação à configuração espacial urbana, sob aspectos físicos e topológicos" (NOURIAN et al., 2015, p. 554, tradução nossa).

[8] eCAADe é o acrônimo para o nome da sociedade que organiza a conferência: *Education and research in Computer Aided Architectural Design in Europe.*

Entender como este modelo teórico foi estruturado e como funciona a aplicação desenvolvida por Nourian et al. (2015) foi de grande importância para o desenvolvimento do sistema *CityMetrics*. Os métodos de cálculo desenvolvidos pelos autores, em relação à caminhabilidade, foram realizados por meio de medidas físicas e topológicas e se desenvolveram no contexto da lógica algorítmico-paramétrica. Alguns métodos e funcionalidades propostos por Nourian et al. (2015), por seu alinhamento com os objetivos da pesquisa que deu origem ao *CityMetrics*, foram incorporados e combinados às ferramentas e ao sistema. A seção seguinte identifica as funcionalidades algorítmico-paramétricas utilizadas no sistema apresentado neste livro.

3.3 Funcionalidades algorítmico-paramétricas para formulações urbanas

No contexto do desenvolvimento do *CityMetrics*, entende-se como *funcionalidades algorítmico-paramétricas* qualquer tipo de componente ou ferramenta computacional (ou seja, qualquer tipo de *software* ou *plug-in*) identificado como potencialmente útil ao desenvolvimento do sistema e das ferramentas que podem fazer parte dele. Entre os diversos programas e *plug-ins* que oferecem funcionalidades algorítmico-paramétricas, optou-se por pesquisar aquelas compatíveis com o *Grasshopper*, interface de linguagem de programação visual incorporada ao software *Rhinoceros 3D*.

Estas funcionalidades estão organizadas de acordo com o propósito de sua utilização, seguindo a seguinte classificação: plug-ins para obtenção de dados, plug-ins de abordagem métrica e plug-ins de otimização. Existem duas situações, dentro do contexto desta pesquisa, em que os plug-ins aqui descritos podem se relacionar:

a. podem ser conjugados ao sistema e as ferramentas propostas, de maneira a contribuir para o seu funcionamento ou;

b. podem ser incorporados à programação de parte das ferramentas propostas, tendo em vista sua afinidade com os objetivos do desenvolvimento do sistema.

Plug-ins para obtenção de dados

Obter dados referentes a uma área urbana que se pretenda avaliar é uma tarefa de grande importância no contexto do planejamento urbano. A quantidade e qualidade destas informações são fatores determinantes para a confiabilidade das operações realizadas e dos resultados obtidos. As ferramentas aqui apresentadas permitem lidar dinamicamente com informações a respeito de áreas urbanas, e são importantes para o desenvolvimento do sistema *CityMetrics*.

Os métodos tradicionais de gestão de informações urbanas fazem uso de arquivos CAD, que podem ser utilizados em diversos programas; tais documentos podem ser incorporados a Sistemas de Informação Geográfica (SIG), para que sejam interpretados, analisados e, a partir de então, propostas possam ser formuladas.

Quando se trata da lógica algorítmica-paramétrica, plug-ins, como *Elk, Mosquito* e *Slingshot*, para *Rhinoceros 3D/Grasshopper*, são capazes importar informações importadas de SIGs ou de arquivos CAD, assim como de serviços web como o *Google Maps* ou o *Open Street Map*, que armazenam uma enorme quantidade de dados do território, vetoriais e não-vetoriais.

O Open Street Map (*www.openstreetmap.org*) é um projeto colaborativo que disponibiliza mapas editáveis de uso livre e licença aberta, e é possível fazer o download de arquivos de extensão .OSM de qualquer região geográfica selecionada (TEDESCHI, 2014). O Elk faz uso de arquivos .OSM para gerar mapas e superfícies topográficas e possibilita organizar as entidades geométricas de acordo com determinadas categorias (FOOD4RHINO, 2016). Assim, é possível referenciar parametricamente pontos de interesse de diferentes naturezas, como paradas de transporte, linhas férreas, o sistema viário, edifícios, serviços urbanos, entre outros, como ilustra a Figura 10.

Entretanto, o nível de informações e geometrias disponíveis nesta plataforma (desenhos 2D e modelos 3D das edificações, quantidade de categorias utilizadas, entre outras) varia de acordo com a localização. Em grandes centros mundiais, como Nova Iorque ou Londres, a quantidade de informações é consideravelmente superior à de cidades de menor porte, como Juiz de Fora, por exemplo. Esta é uma limitação importante da base de dados *Open Street Map*: a quantidade e qualidade das informações varia, em grande parte, porque o sistema é alimentado de forma colaborativa, por voluntários. Espera-se que esta limitação seja superada com o tempo, conforme mais usuários e órgãos alimentarem o sistema.

O *Slingshot* é um plug-in para Grasshopper que oferece suporte para criar, modificar e atualizar bancos de dados como MySQL, ODBC e OLE DB (FOOD4RHINO, 2016). Além disso, trabalha com base em coordenadas geográficas, enquanto o Grasshopper considera coordenadas euclidianas. Sendo assim, são necessárias algumas transposições (muitas vezes manuais) para compatibilizar estes dois sistemas de coordenadas distintos.

Desta forma, é possível afirmar que ferramentas para obtenção de dados urbanos como *Elk, Mosquito* e *Slingshot* possuem grande potencial para ser utilizadas em abordagens de planejamento, de maneira a facilitar a gestão de informações urbanas.

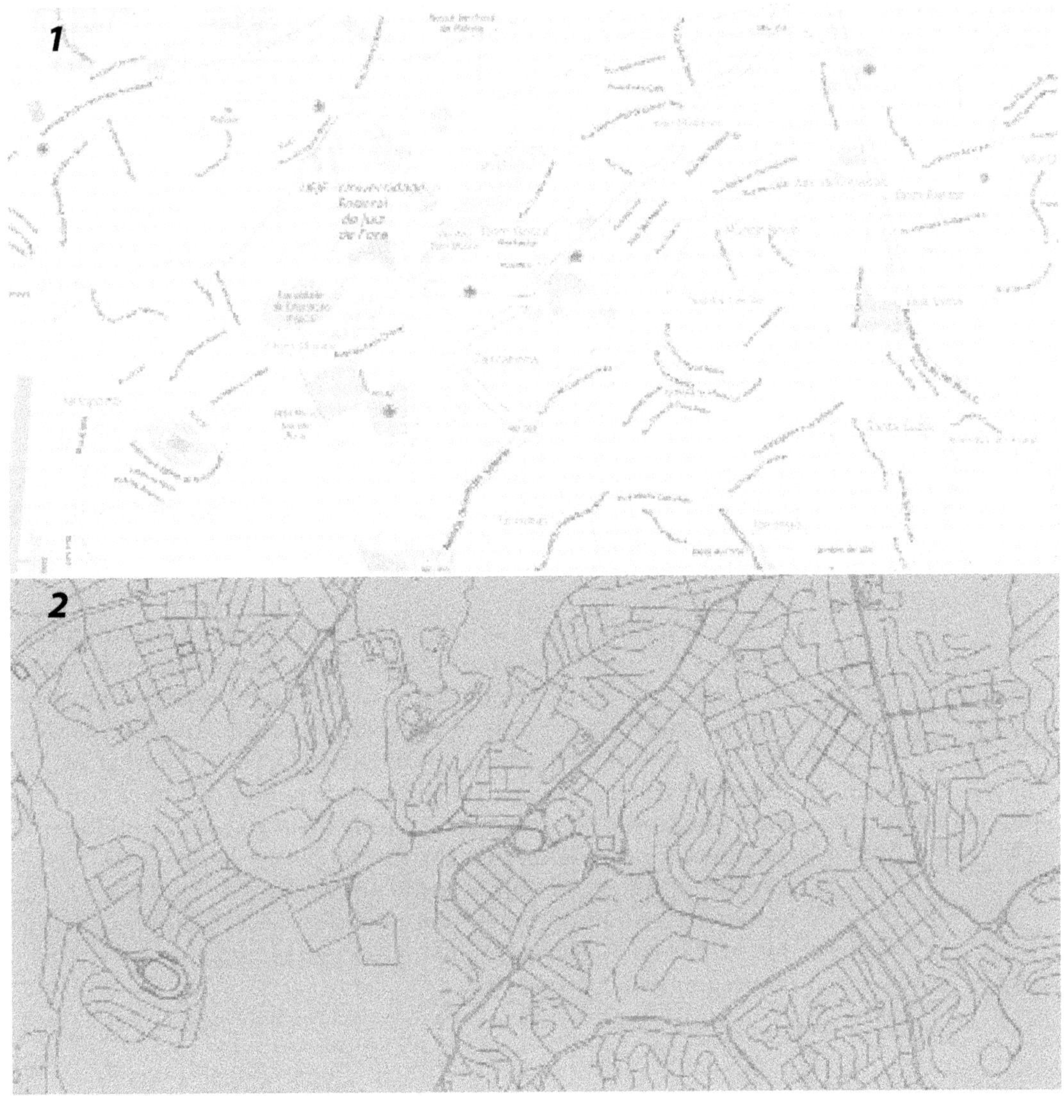

Figura 10. Parte da cidade de Juiz de Fora, Minas Gerais, vista na interface do Open Street Maps (1) e no modelo importado pelo Elk para o Grasshopper (2). Fonte: O autor.

Plug-ins para calcular trajetos

O sistema *CityMetrics* utiliza duas referências de cálculo para a avaliação de um trajeto no contexto do DOT: a distância física – que se pode aferir por meio do comprimento do caminho a ser percorrido para atingir um determinado destino - e a distância topológica, que considera quantas mudanças de direção ou de ruas são necessárias para atingir esta mesma localidade. Não se pretende aqui priorizar uma métrica em detrimento da outra; pelo contrário, é importante considerar ambas, de maneira que se complementem em diferentes tarefas e análises.

Desta forma, para responder à pergunta:

"Dados um trajeto A, de quinhentos metros, passando por quatro ruas, ou um trajeto B, de quinhentos e dez metros passando por duas ruas, qual trajeto pode ser considerado mais eficiente?"

A seguir, são apresentados alguns *plug-ins* para *Rhinoceros 3D/ Grasshopper* que podem ser utilizados para realizar a medição do trajeto entre dois pontos de interesse, utilizando as métricas de distâncias físicas ou topológicas; tais *plug-ins* foram incorporados às ferramentas propostas, em abordagens voltadas para o DOT ou para tarefas de planejamento e projeto de natureza semelhante. São elas: *ShortestWalk*, *Cheetah* e *Syntatic*.

ShortestWalk: Trata-se de um *plug-in* baseado no algoritmo de busca A*[9], utilizado na programação de algumas ferramentas do *CityMetrics*. Este componente considera uma rede de linhas e curvas como base para calcular a rota mais curta entre um ponto de partida e um de destino (FOOD4RHINO, 2016). Ou seja, o *ShortestWalk* permite calcular o trajeto de menor distância física entre dois pontos de interesse em uma determinada localidade, considerando a rede de ruas disponível para este percurso. A incorporação deste componente nos códigos de algumas ferramentas foi importante para conferir mais precisão ao cálculo dos percursos. A Figura 11 ilustra diferentes situações em que se empregou este componente.

[9] O algoritmo A*, pronunciado como "A estrela", é amplamente utilizado em *pathfinding*, termo que se refere ao processo de traçar um caminho eficiente entre vários pontos, chamados de nós.

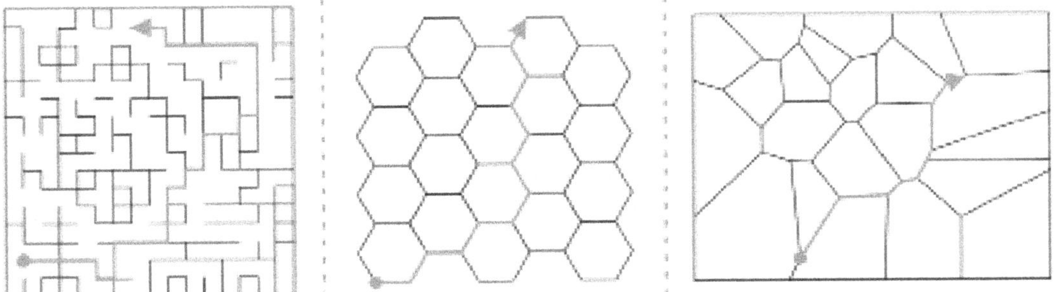

Figura 11. Utilização do ShortestWalk para cálculo do menor trajeto entre dois pontos em diferentes situações. Fonte: Adaptado de Food4Rhino (2016).

CHEETAH - THE CONFIGURBANIST: Conjunto de ferramentas direcionado à análise computacional de configurações urbanas, particularmente orientadas à caminhabilidade e ao ciclismo (NOURIAN et al., 2015). Este plug-in calcula distâncias físicas a partir do uso de conceitos da sintaxe espacial; algumas funcionalidades do *Cheetah* foram associadas às ferramentas desenvolvidas para o *CityMetrics*.

Entre os componentes do *Cheetah*, merecem destaque o *proximity* e o *vicinity*: o *proximity* informa quão próximo um determinado local está de todos os pontos de interesse de uma determinada área urbana, enquanto o *vicinity* permite verificar quão perto um local está de um destino de interesse (NOURIAN et al., 2015). Outro componente, o *catchment areas*, permite delinear quais localidades são acessíveis a partir de um determinado endereço, de acordo com o tempo que se pretenda dispender e o modo (a pé ou de bicicleta) de deslocamento.

O plug-in *Cheetah* permite organizar uma determinada região em subáreas, de acordo com a posição e a área de influência de seus pontos de interesse (ou centralidades), em um cálculo que utiliza princípios do diagrama de Voronoi [10].

Em função de peculiaridades dos princípios do DOT e da necessidade de configurações específicas, as ferramentas do *Cheetah* não foram integralmente incorporadas ao *CityMetrics*. Foram desenvolvidas ferramentas independentes, com algumas funcionalidades criadas a partir do entendimento a respeito das abordagens utilizadas pelo *Cheetah*.

[10] Os diagramas de Voronoi são formados por polígonos construídos de tal forma que as bordas dos polígonos adjacentes se encontram equidistantes de seus respectivos pontos geradores (REZENDE et al., 2000).

SYNTATIC: Este plug-in apresenta componentes que podem ser utilizados na formulação de ferramentas para cálculo de medidas sintáticas, como ***integração*** e ***conectividade*** (NOURIAN, 2016), conforme ilustra a Figura 12. Isto significa dizer que a incorporação dos recursos deste plug-in permite mensurar a quantidade de espaços diretamente conectados, definindo um lugar geométrico denominado ***espaço de interesse***. Com o *Syntatic* é possível calcular a distância topológica, o número de passos e mudanças de direção necessárias para acessar um determinado espaço, considerando a rede de ruas fornecida. Este plug-in foi utilizado para fornecer a base para análises de métrica topológica ao *CityMetrics*.

As métricas ***distância física*** e ***distância topológica*** devem ser utilizadas em conjunto, na elaboração de tarefas de ***otimização multicritério***. O conceito de otimização matemática multicritério será abordado no Capítulo 4, seção Otimização Matemática. Mesmo assim, os plug-ins de otimização estão identificados na próxima seção deste capítulo.

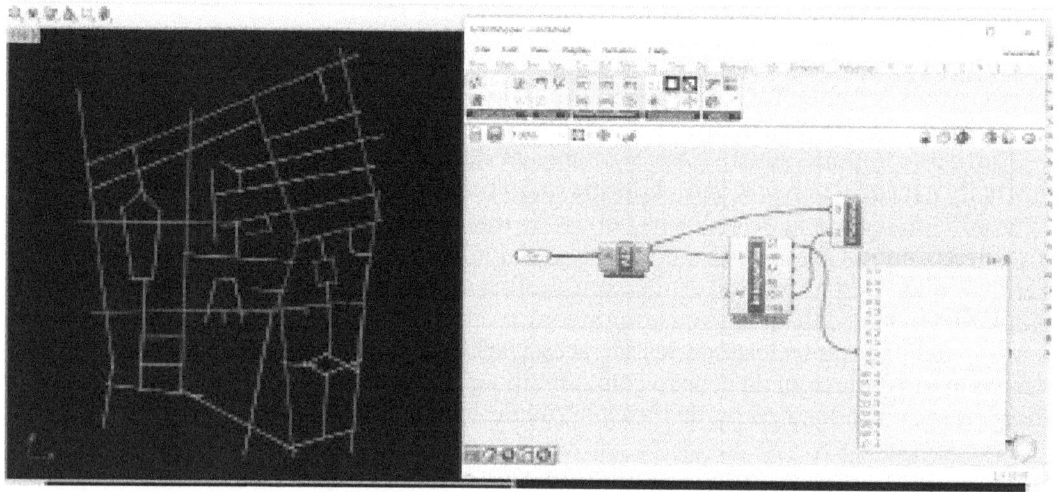

Figura 12. Avaliações de medidas sintáticas por meio do plug-in Syntatic. Fonte: O autor.

Plug-ins para otimização

Dentre os plug-ins para Rhinoceros 3D/Grasshopper que realizam tarefas de otimização, dois apresentavam potencial para serem incorporados ao CityMetrics: Galapagos (RUTTEN, 2010) e Octopus (VIERLINGER, 2012). Ambos utilizam princípios evolutivos para a resolução de problemas e geram soluções de maneira muito dinâmica (TEDESCHI, 2014). Existe, porém, uma diferença entre os dois: o Galapagos considera apenas uma função-objetivo para realizar o processo de otimização, enquanto o Octopus se enquadra na lógica da otimização multicritério, ou multi-objetivo, permitindo abordar várias questões simultaneamente (FOOD4RHINO, 2016).

Desta forma, cada plug-in fornece diferentes respostas para a uma mesma condição inicial apresentada, devido ao modo como as soluções são apresentadas e em como um sistema generativo deve estar estruturado em função da ferramenta adotada. Enquanto o *Galapagos* fornece um *ranking* de soluções ótimas, recomendadas em ordem decrescente, de acordo com condições pré-estabelecidas, o *Octopus* apresenta suas soluções sob a forma de gráficos, considerando a fronteira de Pareto[11], o que significa que todas as soluções fornecidas neste contexto devem ser consideradas igualmente satisfatórias – pelo menos sob a perspectiva de critérios objetivos.

[11] O termo ***fronteira de Pareto*** e outros aspectos referentes a otimização são abordados no Capítulo 4, p. 88.

Neste sentido, a otimização multicritério foi avaliada como sendo adequada para participar de um processo de implementação de ferramentas computacionais no contexto de um projeto urbano e, mais especificamente, no âmbito do DOT. Além de permitir abordar vários objetivos simultaneamente, a otimização multicritério fornece espaço para discussões entre os diversos atores envolvidos em processos de projeto, possibilita simular a priorização de um aspecto em detrimento de outro e, como resultado, fornece um conjunto de soluções ótimas, que podem ser analisadas pelos participantes. As Figuras 13 e 14 apresentam simulações realizadas com os plug-ins *Galapagos* e *Octopus*, respectivamente.

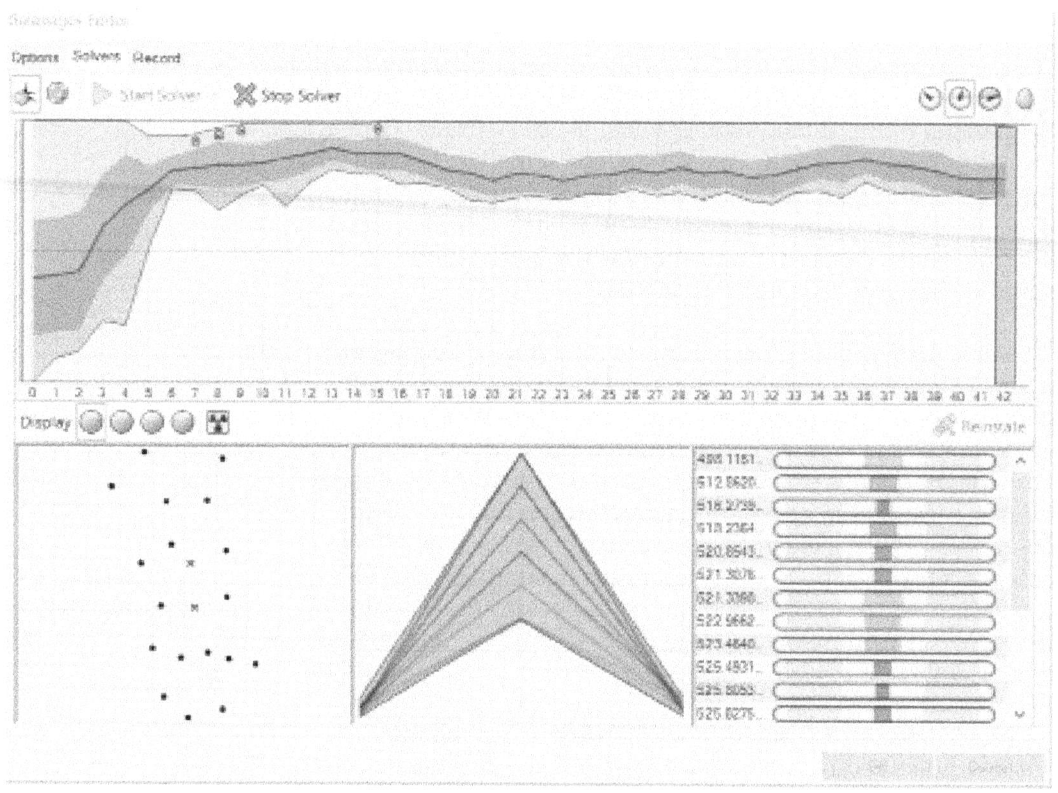

Figura 13. Interface de resultados do Galapagos. Na parte inferior direita, a apresentação das soluções hierarquizadas de acordo com o atendimento ao critério pré-estabelecido. Fonte: O autor.

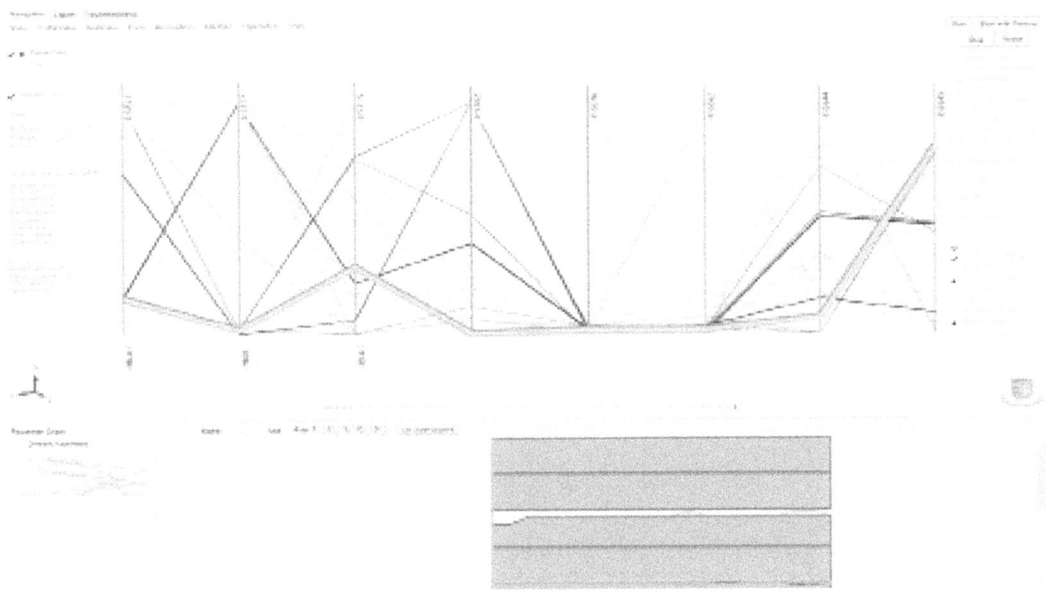

Figura 14. Interface de resultados do Octopus: Cada eixo representa uma função-objetivo e cada linha que passa por estes eixos representa uma solução de Pareto. Em amarelo, uma solução selecionada. Fonte: O autor.

3.4 Reflexões sobre aplicações computacionais no contexto urbanístico

Existe um crescente desenvolvimento de aplicações computacionais em contexto urbanístico, especificamente relacionadas à lógica algorítmico-paramétrica, muito embora seu uso e implementação não seja tão frequente quanto as ferramentas similares disponíveis para o campo da arquitetura.

Os componentes de um modelo urbano em um ambiente computacional compartilham similaridades que podem ser definidas parametricamente, assim como ocorre com os objetos de um modelo 3D orientado à modelagem da informação da construção (*building information modeling*, ou BIM).

Os modelos teóricos elaborados por Duarte et al. (2012), Beirão (2012), Montenegro (2015) e Nourian et al. (2015) confirmam a grande potencialidade da aplicação computacional em situações urbanas e possuem em comum o fato de se apresentarem sob a forma de sistemas que interpretam informações para a otimização de trajetos.

O *CityMetrics* apresenta um conjunto de ferramentas para análise, avaliação e otimização de desempenho de configurações geométricas urbanas. Desta forma, pretende-se que o sistema seja capaz de contribuir para que as atividades de tomada de decisão em processos de projeto urbano tornem-se mais dinâmicas e eficientes.

4
Estratégias computacionais para a formulação do *CityMetrics*

"...approaches which allow scenarios to be easily tested and modified without the application of complex and expensive technologies and accompanying levels of skill are very appropriate in urban design"
Nicolai Steinø

Para formular um sistema que utilize recursos algorítmico-paramétricos para suporte ao planejamento urbano, é necessário realizar o estudo das ***estratégias computacionais*** para concatenação dos atributos, princípios e regras de maneira dinâmica, eficiente e operacional.

O termo ***estratégias computacionais***, não carrega o mesmo significado, para o desenvolvimento deste sistema, dos termos ***ferramentas***, ***funcionalidades*** ou ***instrumentos*** computacionais. Enquanto os três últimos se referem a softwares ou plug-ins, o primeiro se refere ao processo de construção e estabelecimento dos fundamentos empregados no desenvolvimento do sistema *CityMetrics*.

Neste capítulo, portanto, estão elencadas as ***estratégias computacionais*** empregadas na elaboração das ferramentas que compõem o *CityMetrics*. Aqui estão descritas as características fundamentais, a lógica de desenvolvimento e a aplicação prevista para cada uma delas.

4.1 Linguagem de Programação Visual

Para executar procedimentos algorítmicos em um computador, é necessário utilizar um editor de algoritmos específico, onde serão construídas as instruções de funcionamento. Existem editores algorítmicos que operam em modo *standalone*[12] e dão suporte a diversas linguagens de programação, como C#, *Python* e outras. Outros editores algorítmicos são disponibilizados dentro de softwares, como o AutoCAD e o Rhinoceros, para que os usuários possam ampliar, por iniciativa própria, a capacidade dos programas em realizar e automatizar tarefas. (TEDESCHI, 2014).

[12] Um aplicativo *standalone* é aquele que funciona independentemente de outro *software*.

Em computação, Linguagem de Programação Visual (*Visual Programming Language*) é um termo que se refere a um método de construção de códigos e algoritmos que utiliza figuras, em vez de textos, para representá-los (GOLIN, 1990). As LPVs foram desenvolvidas para facilitar a entrada de leigos no universo da programação, possibilitando criar códigos com expressões visuais, arranjos espaciais de texto e símbolos gráficos, organizados em objetos com formas de caixas e conectados por linhas e arcos, que representam as relações entre estas entidades, e setas que apontam a direção do fluxo das instruções e procedimentos a serem realizados.

Na primeira década do século XXI, diversas ferramentas de LPV foram desenvolvidas e incorporadas a softwares de projeto, para tornar esta tarefa mais simples e acessível a planejadores, arquitetos e designers. É o caso dos editores Generative Components (AISH, 2003), para a plataforma Bentley, e o Grasshopper, para o Rhinoceros 3D (TEDESCHI, 2014).

A Linguagem de Programação Visual, portanto, foi a abordagem computacional adotada para o desenvolvimento do sistema *CityMetrics. O* editor gráfico de algoritmos utilizado foi o Grasshopper, que tem uma extensa base de usuários e programadores. A interface de programação de aplicativos (*application programming interface,* ou API) do Grasshopper *é aberta,* o que facilita o acesso e o intercâmbio de informações.

A Figura 15 apresenta uma parte de um algoritmo construído no Grasshopper. As relações entre as partes de um código se dão por meio de linhas, que conectam as saídas (*outputs*) de um às entradas (*inputs*) de outro. Estes códigos podem ainda ser combinados e compartilhados com códigos de outros usuários.

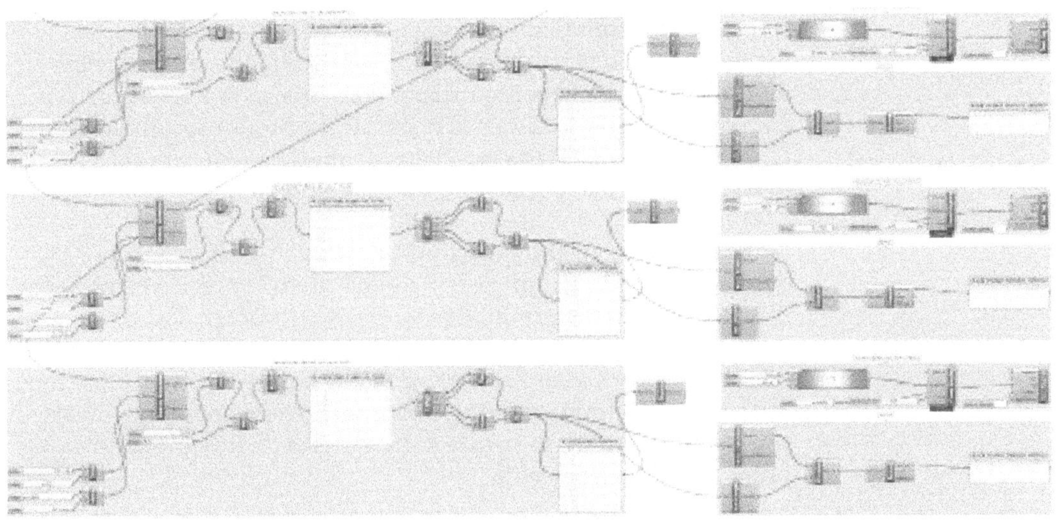

Figura 15. Exemplo de parte de algoritmo construído no Grasshopper. Fonte: O autor.

4.2 Sistemas Generativos

Os sistemas generativos podem ser compreendidos como mecanismos que possibilitam a produção de uma variedade de soluções potenciais para um dado problema (MITCHELL, 1977), e são uma importante parte da estratégia computacional estruturada para formular o sistema *CityMetrics*. Desta forma, compreende-se que um sistema generativo pode ser estruturador de uma metodologia de projeto, onde o projetista não se preocupa apenas com a solução de um problema em particular em um contexto específico, mas em construir parâmetros que compõem este sistema e em como as soluções serão obtidas (CELANI, 2011).

Os sistemas generativos podem ser desenvolvidos como sistemas de desenho baseados em componentes utilizados em softwares paramétricos (KHABAZI, 2012), onde são aplicados algoritmos para a realização de simulações e técnicas de otimização de desempenho (KOLAREVIC, 2005). Estes sistemas orientam a composição e organização das diferentes soluções, através de simulação e otimização progressiva das variáveis de desempenho, recorrendo aos algoritmos construídos pelo programador, de acordo com seus objetivos.

Desta forma, um sistema generativo, ao prever e incluir *feedbacks* de desempenho na sua estrutura organizacional, se apresenta como ferramenta eficaz para auxiliar a profissionais de projeto e planejamento urbano. Para que esta ferramenta seja efetivamente aplicada, fez-se necessário propor uma abordagem iterativa, fundamentada em ciclos de modelagem, simulação e avaliação, que não segue a lógica tradicional

Para adotar a estratégia computacional que orienta o desenvolvimento de um sistema generativo, é preciso estabelecer os objetivos que determinadas tarefas se propõem a resolver para, em seguida, elaborar um conjunto de regras e restrições que definem funções a serem executadas. A partir de então, é possível introduzir conjuntos de soluções progressivamente otimizáveis, com o propósito de se aproximar de metas de desempenho previamente estabelecidas.

Um sistema generativo, portanto, é estruturado algoritmicamente, pois funciona sob a perspectiva do atendimento instruções sequenciais, e articulado parametricamente, pelas variações que podem ser atribuídas aos valores associados a parâmetros. O estabelecimento de relações diretas entre parâmetros geradores e soluções, em sistemas generativos, pode ser realizado por meio do processo conhecido por ***otimização matemática*** dos resultados.

4.3 Otimização Matemática

Otimização matemática é o nome dado ao processo de utilização de modelos algorítmico-paramétricos para resolução de um determinado problema, por meio da procura da melhor solução entre as alternativas geradas pelo sistema (TEDESCHI, 2014). Este processo é bastante usado para estabelecer valores mínimos e máximos em parâmetros e funções, dentro de conjuntos viáveis de soluções.

A estrutura conceitual de um processo de otimização matemática é composta por dois elementos: função-objetivo (*fitness function*) e variável (*input*). Uma variável tem a propriedade de afetar diretamente o valor de uma função objetivo.

No contexto do Desenvolvimento Orientado ao Transporte (DOT), uma função objetivo a ser adotada é a distância entre uma estação de transporte existente e uma escola a ser construída em um bairro. Neste problema, os locais onde considerados viáveis para a construção da escola formam o conjunto de variáveis (*inputs*) utilizado para o cálculo da função-objetivo (a distância de cada local até a estação). A melhor solução, de acordo como processo de otimização matemática, será o local mais próximo da estação.

Existem diversos métodos de otimização. Dentre eles, Tedeschi (2014) destaca os métodos heurísticos, como os algoritmos evolutivos, que utilizam princípios da teoria da evolução natural para solucionar um determinado problema. Seria possível afirmar que, de acordo com determinada função-objetivo, algoritmos evolutivos realizam uma espécie de seleção natural das soluções possíveis, por meio de combinações de suas características (e. g. mutações, *crossovers*, alterações aleatórias), onde somente as melhores sobrevivem.

Problemas a serem abordados por pelo processo de otimização podem ser classificados de acordo com a quantidade de objetivos que podem ser atendidos simultaneamente. Existem problemas que devem ser abordados pelo método de otimização por uma função objetivo e outros, pelo método de otimização multi-objetivo.

A otimização multi-objetivo gerencia um conjunto de funções-objetivo, e é usada para otimizar problemas que envolvem mais de um objetivo a ser simultaneamente satisfeito.

Os métodos de otimização multi-objetivo não apresentam, como resultado, uma única solução que otimize, simultaneamente, todas as funções-objetivo que fazem parte de determinado conjunto. Em um processo de otimização multi-objetivo, o resultado é composto por uma série de soluções ótimas, conhecidas também por soluções de Pareto.

Uma solução é chamada Pareto-ótima, ou não-dominante, quando o valor de nenhuma das funções-objetivo puder ser melhorado, sem que haja prejuízo de outras funções-objetivo. Todas as soluções de Pareto devem ser consideradas igualmente satisfatórias enquanto não houver nenhuma informação a ser incorporada ao sistema. No gráfico exibido pela Figura 16, cada ponto representa uma solução que, para ser adotada, inclui a compreensão de que compensações, ou *trade-offs*[13], deverão ser realizadas, de modo a atender cada uma das funções-objetivo previstas.

[13] Expressão da língua inglesa que descreve o equilíbrio entre duas características desejáveis, mas que podem apresentar pontos conflitantes ou indesejáveis.

Observou-se, portanto, que a otimização multi-objetivo pode ser aplicada em situações de conflito, como auxiliar em processos de tomada de decisão relacionados ao planejamento e desenvolvimento urbano. No contexto das estratégias adotadas para a elaboração do *CityMetrics*, a otimização multi-objetivo é essencial para auxiliar a desenvolver soluções para interesses conflitantes, normalmente associadas às situações relacionadas aos processos de tomada de decisão previstos pelo modelo DOT.

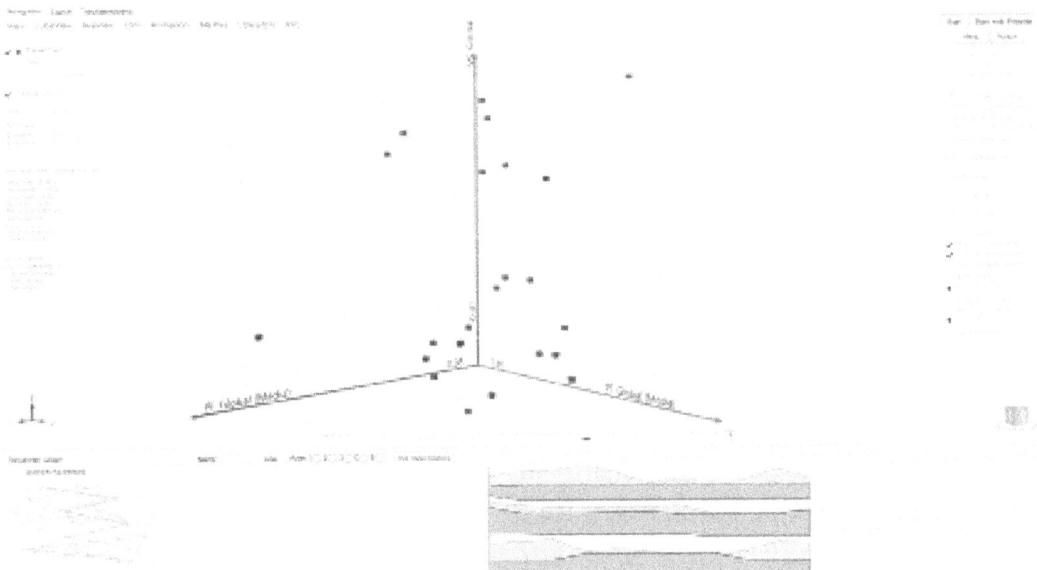

Figura 16. Interface do plug-in Octopus para otimização multi-objetivo. Fonte: O autor.

5
CityMetrics – Estrutura conceitual, ferramentas e métricas

"É importante lembrar que a inteligência para criar a cidade sustentável é primeiro humana e depois tecnológica e não vice-versa"
Carlos Leite

Neste capítulo é apresentada a caracterização e descrição do *CityMetrics*, sistema algorítmico-paramétrico desenvolvido para dar suporte a tarefas de análise e otimização de configurações geométricas do espaço urbano, com base em métricas para a avaliação de desempenho de determinadas configurações urbanas.

5.1 Estrutura conceitual

As estratégias computacionais apresentadas no capítulo anterior – Linguagem de Programação Visual, Sistemas Generativos e Otimização Matemática – compõem a estrutura conceitual que orienta o desenvolvimento do *CityMetrics*, conforme apresentado pela Figura 17.

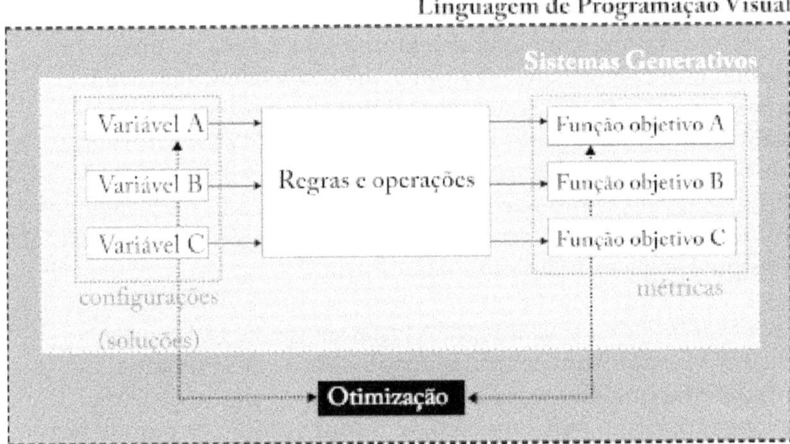

Figura 17. Articulação das estratégias fundamentais para a formulação e utilização do CityMetrics. Fonte: O autor.

Portanto, o *CityMetrics* se estabelece por meio da utilização combinada de um conjunto de ferramentas e sistemas generativos desenvolvidos a partir de uma linguagem de programação visual, com o propósito de proporcionar um ambiente dinâmico para a criação, alteração, combinação e compartilhamento de códigos em contexto colaborativo. O *CityMetrics* pretende oferecer suporte à gestão de grandes quantidades de dados, utilizados para alimentar parâmetros que geram e modificam estruturas urbanas.

Algumas ferramentas do *CityMetrics* incorporam funcionalidades desenvolvidas por outros autores, como Nourian et al (2015), e de componentes dos plug-ins *ShortestWalk, Cheetah e Syntatic*. As funcionalidades incorporadas e respectivas autorias estão citadas na descrição de cada ferramenta.

As ferramentas algorítmicas que integram o *CityMetrics* foram desenvolvidas ou otimizadas para aferir algumas das principais métricas propostas pelo modelo DOT. É possível associá-las a diferentes funções-objetivo (maximizando ou minimizando-as), para a otimização de desempenho em função de princípios mensuráveis e de variáveis relativas à organização de uma determinada área urbana.

O *CityMetrics* também pode ser utilizado como auxiliar em tarefas de avaliação e implementação do DOT, quando orientadas pela tríade princípio-índice-ferramenta. Para cada princípio mensurável do DOT, há uma ou mais ferramentas do *CityMetrics* que permitem extrair os índices correspondentes; como consequência, estas informações podem ser utilizadas no processo de avaliação das configurações urbanas mais eficientes em uma determinada área.

Neste contexto, o papel dos atores envolvidos no processo permanece central, uma vez que a utilização do *CityMetrics* não provoca alterações nas atribuições dos profissionais. O delineamento de objetivos, a alimentação de dados no sistema, as discussões e considerações sobre aspectos subjetivos e não programáveis, como partes do processo utilizado para eleger as soluções a serem adotadas, de acordo com critérios intangíveis ao computador, permanecem inalterados.

O *CityMetrics,* portanto, não torna os agentes dependentes de um automatismo computacional, pois trata-se de uma ferramenta que oferece recursos algorítmico-paramétricos avançados como instrumentos de recomendação, por onde novas interpretações podem ser realizadas, a respeito de um conjunto prévio de dados, de modo a auxiliar profissionais a tomarem decisões mais qualificadas.Faz-necessário observar que o sistema *CityMetrics* não pretende esgotar todas as possibilidades de formulação de ferramentas que poderiam ser desenvolvidas a partir deste contexto metodológico. Da mesma forma, o uso das ferramentas do *CityMetrics,* sem que haja reflexão sobre os resultados obtidos, não proporciona, por si só, projetos de bairros ou cidades melhores. O cruzamento de informações relevantes proporcionadas pelo *CityMetrics,* quando bem utilizado, pode transformá-lo em um instrumento importante no auxílio à construção de soluções urbanas.

5.2 Ferramentas e métricas

Para acompanhar as orientações a seguir, seria interessante ter à mão um computador com o software Rhino e o Grasshopper instalados, para que você possa instalar e testar o *CityMetrics*. As ferramentas que compõem o sistema estão disponíveis para download no site *http://www.ufjf.br/fernando_tadeu/citymetrics/*.

Algoritmo de proximidade física (APF)

Esta ferramenta calcula percursos e apresenta as menores distâncias físicas entre diversas origens e alvos de uma localidade, considerando as inclinações nos trajetos, e pode ser usada para avaliar a acessibilidade ao transporte e a caminhabilidade.

Para realizar estas tarefas, o APF considera o posicionamento das origens (todos os lotes de um bairro, por exemplo), o desenho das ruas e o posicionamento de um ou mais alvos de interesse para calcular a proximidade física, de acordo com as métricas apresentadas no Capítulo 1. Assim, se uma determinada origem está a até 400 m de distância de um alvo, o que equivale a cinco minutos de caminhada, lhe é atribuída um índice de valor 1. À medida que a distância entre a origem e o alvo aumenta, esta pontuação diminui, até o limite de 1,6 km (20 minutos a pé), quando o valor 0 é atribuído ao índice (Tabela 5).

Índice	**Significado**
1	Proximidade Excelente – menos de 5 minutos a pé
0,5	Boa proximidade – 10 minutos a pé
0	Proximidade desconsiderada – mais de 20 minutos a pé

Tabela 5. Valores de referência para cálculo de proximidade física.

O APF permite aplicar um fator de penalização para trechos de percursos inclinados, tendo em vista a sua influência no tempo e no esforço necessários para que sejam realizados os deslocamentos a pé. Assim, quanto maior for a inclinação de um determinado trecho, maior será a penalização do percurso.

Para efeito de comparação, enquanto um percurso plano recebe do algoritmo o índice 1, outro percurso, com a mesma distância, porém com 10% de inclinação, recebe uma penalização de 10%, resultando em um índice de 0,9. Sugere-se, assim, uma relação direta entre inclinação dos percursos e penalização.

Faz-se necessário observar que a referência para penalização por relação direta pode não ser a mais apropriada para este tipo de cálculo. As ferramentas do *CityMetrics* foram desenvolvidas de modo a ser possível incorporar novos métodos de cálculo e códigos que representem, no futuro, critérios mais aperfeiçoados de penalização.

Desta forma, se o alvo informado ao APF for uma estação de transporte, a acessibilidade à estação será mensurada. Se forem informados, como alvo, um ou mais serviços urbanos, o algoritmo pode ser utilizado para ajudar a mensurar a caminhabilidade de uma área.

Enquanto, para o critério de acessibilidade ao transporte, calculam-se os percursos com as menores distâncias físicas para uma única estação, no contexto da caminhabilidade interessa computar as menores distâncias físicas para os serviços urbanos mais próximos, considerando as 5 categorias de serviços (educação, alimentação, comércio, entretenimento e recreação), apresentadas na seção Caminhabilidade, no Capítulo 2.

Portanto, o APF se apropria de alguns aspectos do índice *Walkscore* (WALKSCORE, 2014), apresentado no Capítulo 1, para avaliar a caminhabilidade de uma determinada área, por meio do cálculo dos menores percursos para os alvos de todas as categoria de serviços avaliadas. Distâncias físicas, inclinações e respectivas penalizações também são consideradas, para atribuir um índice de Proximidade Física (iPF) a cada alvo. Cada categoria recebe um índice parcial e o índice total é obtido a partir da média entre os índices por categorias. Depois de realizar os cálculos, o algoritmo apresenta, como resultado, o iPF relacionado ao alvo mais próximo.

A Figura 18 exibe como a lógica de cálculo deste algoritmo permite a identificação os menores percursos físicos para todos os alvos (serviços) em uma categoria. Em seguida, identifica o serviço com menor distância física (em vermelho) e mensura a sua proximidade em relação à origem, incluindo possíveis inclinações e penalizações. A memória de cálculo é ilustrada pela Tabela 6.

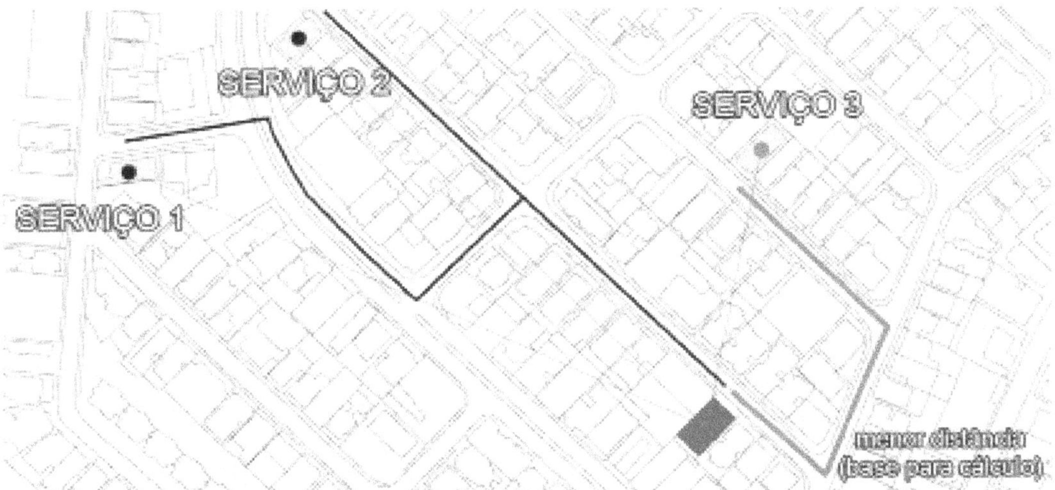

Figura 18. Lógica do cálculo do iPF para múltiplos alvos. Fonte: O autor.

Etapa 1: o iPF de cada categoria é o valor máximo recebido por um alvo	
iPF do Serviço *Educação 1*	0,2
iPF do Serviço *Educação 2*	0,4
iPF do Serviço *Educação 3*	0,8
iPF da categoria Educação= iPF mais próximo	**0,8**
Etapa 2: cálculo do iPF global pela média dos iPFs por categoria	
iPF da categoria *Educação*	0,8
iPF da categoria *Comércio*	0,1
iPF da categoria *Recreação*	0,3
iPF da categoria *Entretenimento*	0,6
iPF da categoria *Alimentação*	0,7
iPF global / caminhabilidade da área = média dos iPFs por categoria	0,5

Tabela 6. Exemplo de cálculo do iPF global.

O APF permite inserir diferentes pesos para as origens. É possível, por exemplo, inserir pesos para representar diferenças na quantidade de pessoas que ocupam cada localidade. Isto significa dizer que o cálculo da média dos índices de Proximidade Física pode ser ponderado pela quantidade de unidades habitacionais por área, permitindo atribuir mais peso a locais que concentrem mais pessoas.

A Figura 19 apresenta o *cluster*[14] que contém o código utilizado para construir a ferramenta, com suas entradas e saídas de dados. À esquerda, as informações necessárias (entradas) para os cálculos da ferramenta: pontos referenciando as posições das origens e dos alvos, curvas referenciando o desenho das ruas e dados para referenciar diferentes densidades, ou seja, os pesos, para o cálculo. À direita, o resultado de suas operações.

[14] No Grasshopper, ***cluster*** é termo que denomina um recurso utilizado para agrupar parâmetros e componentes que estruturam um código.

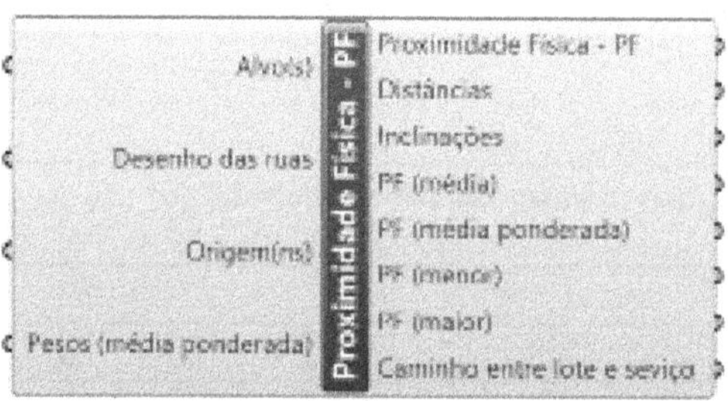

Figura 19. Interface do cluster do APF. Fonte: O autor.

Algoritmo de variedade de serviços (AVS)

O algoritmo para cálculo da Variedade dos Serviços (AVS) foi criado para auxiliar na avaliação de outro aspecto importante relacionado à caminhabilidade de um determinado local: a proximidade entre uma origem e todos os alvos próximos de uma mesma categoria ao seu alcance.

Esta ferramenta calcula a média das distâncias entre uma determinada origem e todos os alvos próximos, que fazem parte de uma mesma categoria de serviços urbanos. Assim como ocorre no APF, o AVS também atribui iPFs para cada alvo. A obtenção do índice de Variedade de Serviços (iVS) é efetuado, portanto, a partir da média aritmética entre os iPFs de cada alvo considerado, conforme demonstram a Figura 20 e a Tabela 7.

Figura 20. Base de cálculo do iVS. Fonte: O autor.

Cálculo do iVS origem pela média dos iPFs por categoria	
iPF do Serviço *Educação 1*	0,2
iPF do Serviço *Educação 2*	0,4
iPF do Serviço *Educação 3*	0,8
iVS origem da categoria ***Educação***= média dos iPFs	0,4

Tabela 7. Exemplo de cálculo do iVS.

Esta ferramenta, assim como a APF, também permite estabelecer pesos diferentes para cálculo de média ponderada. A Figura 21 apresenta a interface do *cluster* referente a este algoritmo. À esquerda, as informações necessárias (entradas) para os cálculos da ferramenta. À direita, o resultado de suas operações.

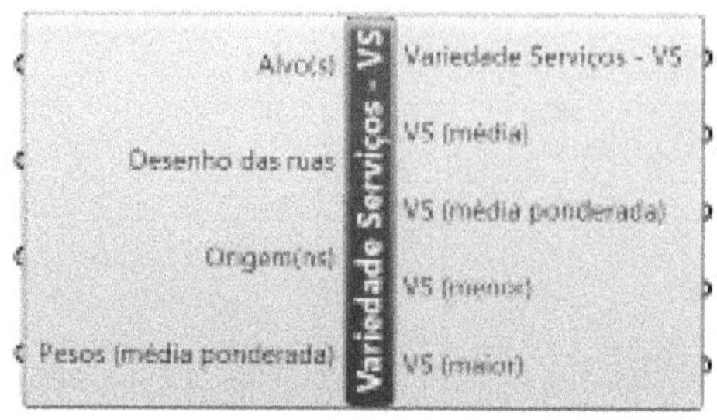

Figura 21. Interface do cluster do AVS. Fonte: O autor.

Para promover uma melhor caminhabilidade, a variedade de serviços disponíveis deve ser considerada, e não apenas a proximidade a um único alvo. Portanto, faz-se necessário ressaltar a importância do uso combinado das ferramentas de Proximidade Física (APF) e de Variedade de Serviços (AVS), pois tornam possível a identificação de origens com a) muitos alvos relativamente distantes e b) poucos, ou nenhum, alvo único próximo, simultaneamente, situação que não poderia ser rastreada pelo uso isolado de uma ou outra ferramenta.

Algoritmo de recorrência de serviços (ARS)

O algoritmo para cálculo da Recorrência dos Serviços (ARS) também oferece informações para a avaliação da caminhabilidade de uma determinada área, e pode ser usado junto às ferramentas APF e AVS.

A Figura 22 ilustra o funcionamento do ARS. O algoritmo calcula a proporção entre o número de alvos informados de uma determinada categoria de serviços (em vermelho), e o número total de localidades em um raio de 20 minutos de caminhada e informa a proporção entre eles (em amarelo).

Os resultados produzidos com a utilização do ARS permitem analisar a oferta de serviços em uma determinada vizinhança. Este é um aspecto importante e é levado em consideração quando são realizadas avaliações sobre a capacidade de uma localidade em conectar habitações e serviços urbanos por meio de distâncias que podem ser percorridas a pé (FRANK et al., 2005; DOBESOVA; KRIVKA, 2012).

Figura 22. Exemplo de funcionamento do ARS. Fonte: O autor.

Este algoritmo também possibilita atribuir pesos diferentes às origens para cálculo da média ponderada dos índices de Recorrência dos Serviços, o que permite dar mais relevância a localidades que possuam maior número de unidades habitacionais, conforme explicado anteriormente.

A Figura 23 apresenta a interface do *cluster* referente a este algoritmo. À esquerda, as entradas para os cálculos da ferramenta, com os pontos referenciando as posições das origens e dos alvos, as curvas emulando o desenho das ruas e os dados para representar diferentes pesos para o cálculo. À direita, o resultado das operações.

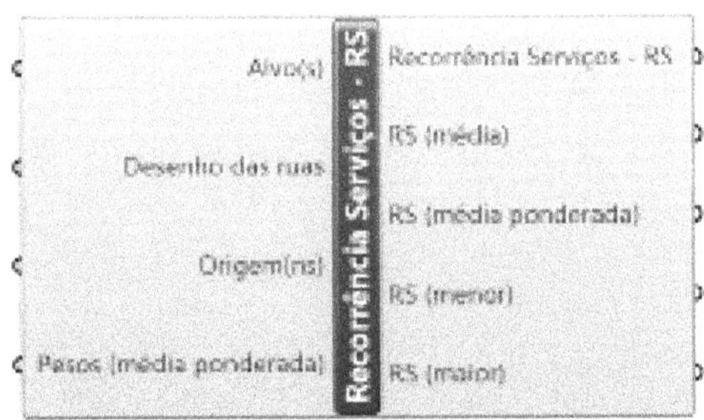

Figura 23. Interface do cluster do ARS. Fonte: O autor.

Algoritmo de proximidade topológica (APT)

O algoritmo para cálculo do índice de Proximidade Topológica (APT) aborda a métrica topológica, utilizando conceitos da teoria da Sintaxe Espacial de Hillier e Hanson (1984), e pode ser utilizada para avaliar a acessibilidade ao transporte e a caminhabilidade.

O APT calcula os percursos com as menores distâncias topológicas entre diversas origens e alvos de uma localidade, considerando, portanto, conceitos como integração e profundidade dos espaços de uma determinada área. A ferramenta calcula o número de mudanças de direção necessárias (chamadas de passos topológicos locais ou globais) para se atingir um ou mais alvos a partir de uma determinada origem. O APT também indica quais espaços são mais integrados, o que significa identificar quais ruas são mais acessíveis e, consequentemente, possuem maior relevância na dinâmica de uma área urbana.

A Figura 24 ilustra como se dá o cálculo das distâncias topológicas. De acordo com a métrica topológica, o serviço 2 é o mais próximo da origem, pois se encontra no mesmo espaço topológico e não demanda mudanças de direção ou a realização de conexões. Ou seja, apesar do serviço 2 se encontrar fisicamente mais distante da origem, em relação ao serviço 3 (por exemplo), a distância topológica entre a origem e o serviço 2 é menor.

Figura 24. Ilustração do cálculo do iPT. Fonte: O autor.

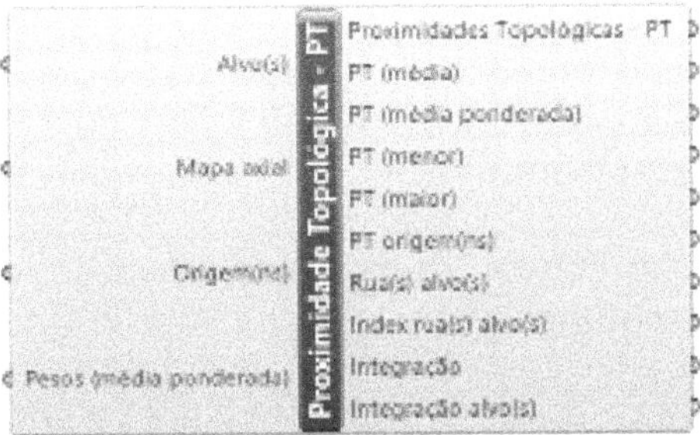

Figura 25. Interface do cluster do APT. Fonte: O autor.

O APT também permite incorporar pesos diferentes para se que seja possível calcular a média ponderada da Proximidade Topológica. Assim, os processos internos do algoritmo podem conferir maior relevância a determinadas ruas, de acordo com diferentes critérios. A Figura 25 ilustra a interface do *cluster* do APT, com suas entradas e saídas de dados.

Algoritmo de uso misto (AMX)

O algoritmo para cálculo do índice de Uso Misto (AMX) encontra o total de áreas residenciais e não residenciais de uma localidade e depois divide um valor pelo outro, para que o índice de Uso Misto (MXI) seja obtido. O valor resultante pode ser utilizado na análise da diversidade de usos do local em questão.

Segundo Hoek (2008), quanto mais próxima a relação entre as áreas é de 50/50, maior a diversidade que uma área urbana possui. O fator 50/50, no entanto, não deve ser encarada como um limite rígido a ser perseguido, quando se realiza a avaliação da qualidade da diversidade de usos em condições reais. Outros fatores podem ser levados em consideração, quando for necessário estabelecer metas para a relação entre áreas residenciais e não residenciais, como a vocação de um determinado bairro, por exemplo.

O AMX pode ser utilizado na avaliação da diversidade de usos em uma área antes e depois de potenciais intervenções. Em algumas abordagens, o índice MXI pode ser configurado como uma das funções-objetivo em uma tarefa de otimização, na procura por áreas com índices de diversidade de usos compatíveis com as intenções de projeto.

A Figura 26 apresenta um exemplo de aplicação do AMX, onde foi realizado o cálculo da proporção entre a soma de todas as áreas residenciais (em magenta) e não residenciais (em verde) de uma localidade.

A Figura 27 ilustra a interface do *cluster* do AMX. À esquerda, as entradas para os cálculos da ferramenta. À direita, o resultado de suas operações.

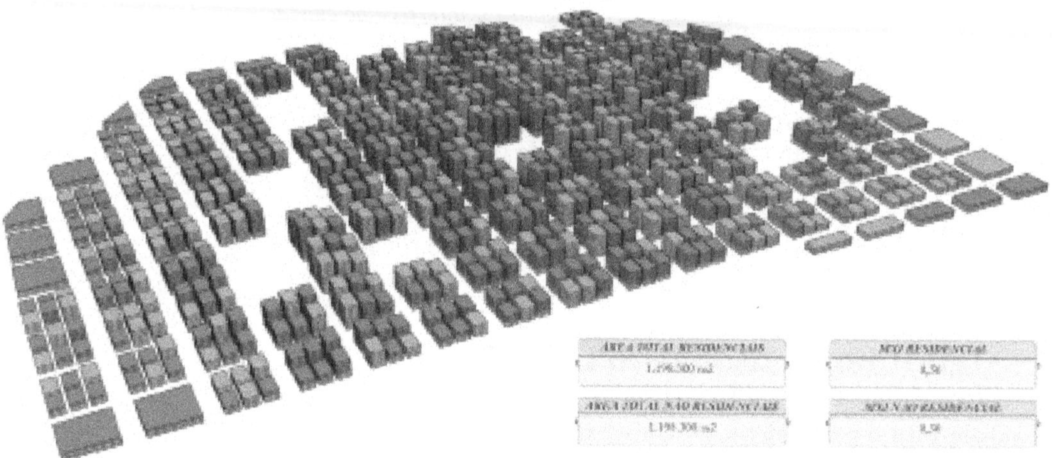

Figura 26. Ilustração do cálculo do MXI. Fonte: O autor.

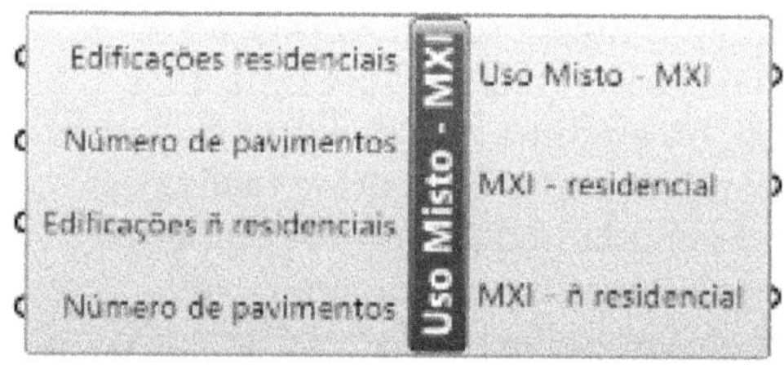

Figura 27. Interface do cluster do AMX. Fonte: O autor.

Algoritmo de indicadores *Spacematrix*

O algoritmo para cálculo dos indicadores *Spacematrix* foi desenvolvido com o propósito de fornecer dados que auxiliam na avaliação da densidade das áreas estudadas.

O *Spacematrix* utiliza a) os limites da área analisada, b) o desenho das ruas ali contidas c) o contorno das edificações nela inseridas e d) o número de pavimentos de cada edificação, com o propósito de gerar os três indicadores apresentados no Capítulo 1: Intensidade (*Floor Space Index* - FSI), Cobertura (*Ground Space Index* - GSI) e Densidade da Rede (*Network Density* - N).

Os resultados calculados pelo *Spacematrix*, acerca da densidade de áreas urbanas, podem ser visualizados em tempo real, permitindo a avaliação dinâmica do contexto urbano estudado e das intervenções e modificações propostas.

A Figura 28 ilustra os elementos utilizados como referência de cálculo pelo algoritmo *Spacematrix*: valor total de áreas construídas, áreas ocupadas, comprimento de rede de ruas e área total, respectivamente.

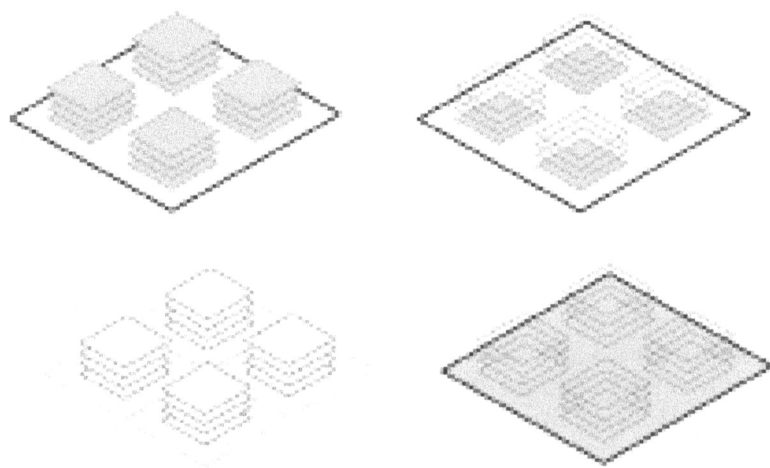

Figura 28. Elementos utilizados para cálculo dos indicadores Spacematrix. Fonte: Adaptado de Pont e Haupt (2010).

Figura 29 apresenta o *cluster* do *Spacematrix*. À esquerda, as entradas para os cálculos da ferramenta. À direita, o resultado de suas operações.

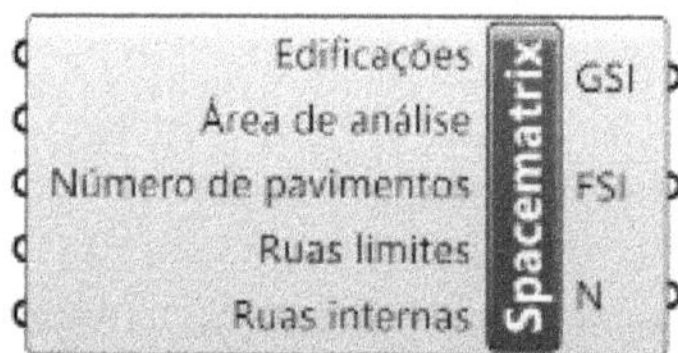

Figura 29. Interface do cluster do Spacematrix. Fonte: O autor.

5.3 Reflexões sobre o *CityMetrics* e as ferramentas propostas

O *CityMetrics* pode ser sintetizado como um esforço de integração de sistemas generativos em um ambiente de linguagem de programação visual. Trata-se de um conjunto de ferramentas algorítmicas– algumas, desenvolvidas do zero e outras, adaptadas – que fazem uso de métricas de avaliação de desempenho para criar regras e operações lógicas que, por sua vez, fornecem índices que podem ser utilizados como funções-objetivo em tarefas de otimização.

Desta forma, torna-se possível associar, de modo dinâmico, recursos computacionais a métodos tradicionais para a avaliação do desempenho de um projeto urbano, promovendo integração entre operações lógico-matemáticas a questões eminentemente subjetivas – que devem ser consideradas pelos atores envolvidos no processo de tomada de decisão.

O sistema *CityMetrics* pode ser utilizado em diferentes contextos e situações, se adaptando a novos problemas e desafios a serem enfrentados pelos analistas. São inúmeras as possibilidades de otimização de funções-objetivo, modificação e rearranjo de ferramentas. Logo, é possível concluir que o *CityMetrics* está estruturado para permitir que o escopo do modelo DOT seja extrapolado para além das questões relacionadas a distâncias física ou topológicas ou a diversidade e densidade de centros urbanos. O *CityMetrics* pode ser utilizado para dar suporte a teorias e contextos de natureza semelhante, desde que estejam fundamentados em princípios objetivamente mensuráveis.

6
Ensaios

"I think learning to code can be helpful with thinking logically and in understanding complexity. Coding doesn't solve social problems in itself, but I think it can contribute to a better understanding of the world that we live in"
Casey Reas

Este capítulo apresenta um conjunto de ensaios realizados com o *CityMetrics*. Para estruturar provas de conceito válidas, que permitiram realizar a avaliação do potencial de utilização do sistema desenvolvido, as amostras foram construídas a partir do conceito de ***assimetrias***, com o propósito de simular diferentes situações. Desta forma, o termo ***assimetria***, no contexto do desenvolvimento do *CityMetrics*, é empregado para designar as diferenças estrategicamente adotadas entre os ensaios elaborados.

Os relatos dos ensaios apresentam o funcionamento do *CityMetrics* em contextos variados. A sequência de apresentação segue o critério de aumento na quantidade e complexidade de variáveis e restrições entre os casos. Estas foram as assimetrias utilizadas para avaliar o *CityMetrics* e suas ferramentas:

a. otimizações com apenas ***uma função-objetivo*** X otimizações ***multi-objetivo***;

b. implementação em ***área abstrata***[15] X implementação em ***área existente*** e ***consolidada***, e;

c. métricas ***físicas*** X métricas ***físicas*** e ***topológicas***.

[15] O termo ***área abstrata*** é usado para se referir a uma área não existente ou a um local não ocupado.

Desta forma, os ensaios descritos neste capítulo apresentam variações quanto a) aos recursos de otimização empregados, b) à natureza da área avaliada c) às ferramentas e métricas utilizadas e d) quanto à quantidade e complexidade das variáveis abordadas.

A Figura 30 ilustra a estrutura dos ensaios: as setas em vermelho indicam os momentos de transição metodológica entre cada abordagem, permitindo compará-las para a avaliação do *CityMetrics* por meio das assimetrias adotadas.

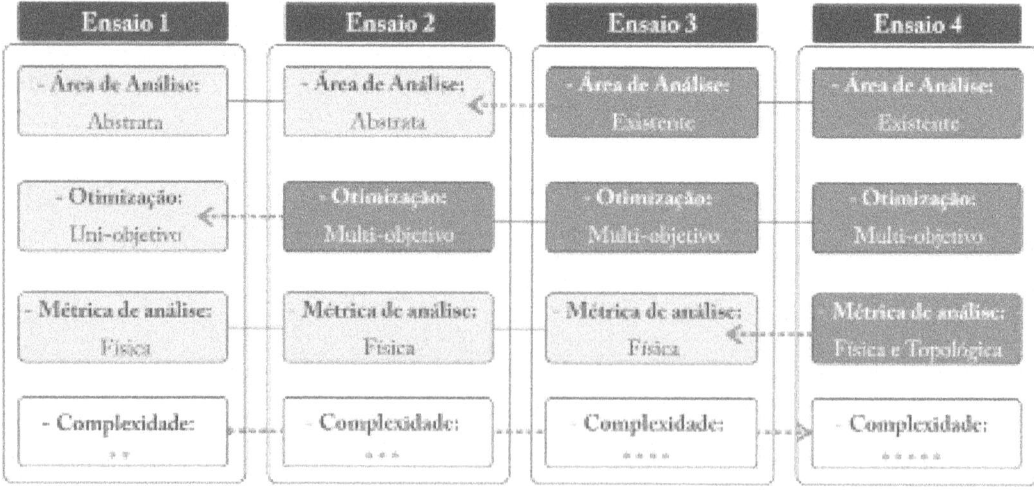

Figura 30. Estrutura dos ensaios apresentados neste capítulo. Fonte: O autor.

6.1 Ensaio 1 – otimização com uma função-objetivo

O primeiro ensaio foi concebido para servir como uma prova de conceito para realizar os testes do *CityMetrics*. Assim, este ensaio é um ponto de partida para os demais, que serão descritos em sequência e apresentam crescente complexidade. Neste primeiro experimento, os princípios mensuráveis do DOT foram abordados de modo conceitual. Os passos estão apresentados, de maneira geral, pela Figura 31 e, mais detalhadamente, pelas Figuras 32 a 34.

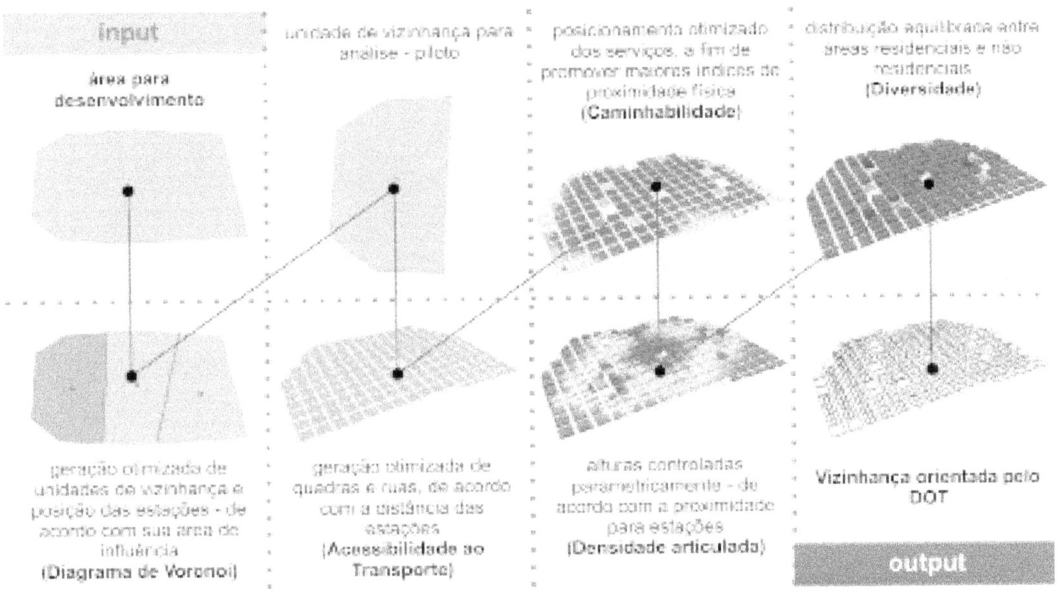

Figura 31. Sequência de etapas do experimento referente ao Ensaio 1. Fonte: O autor.

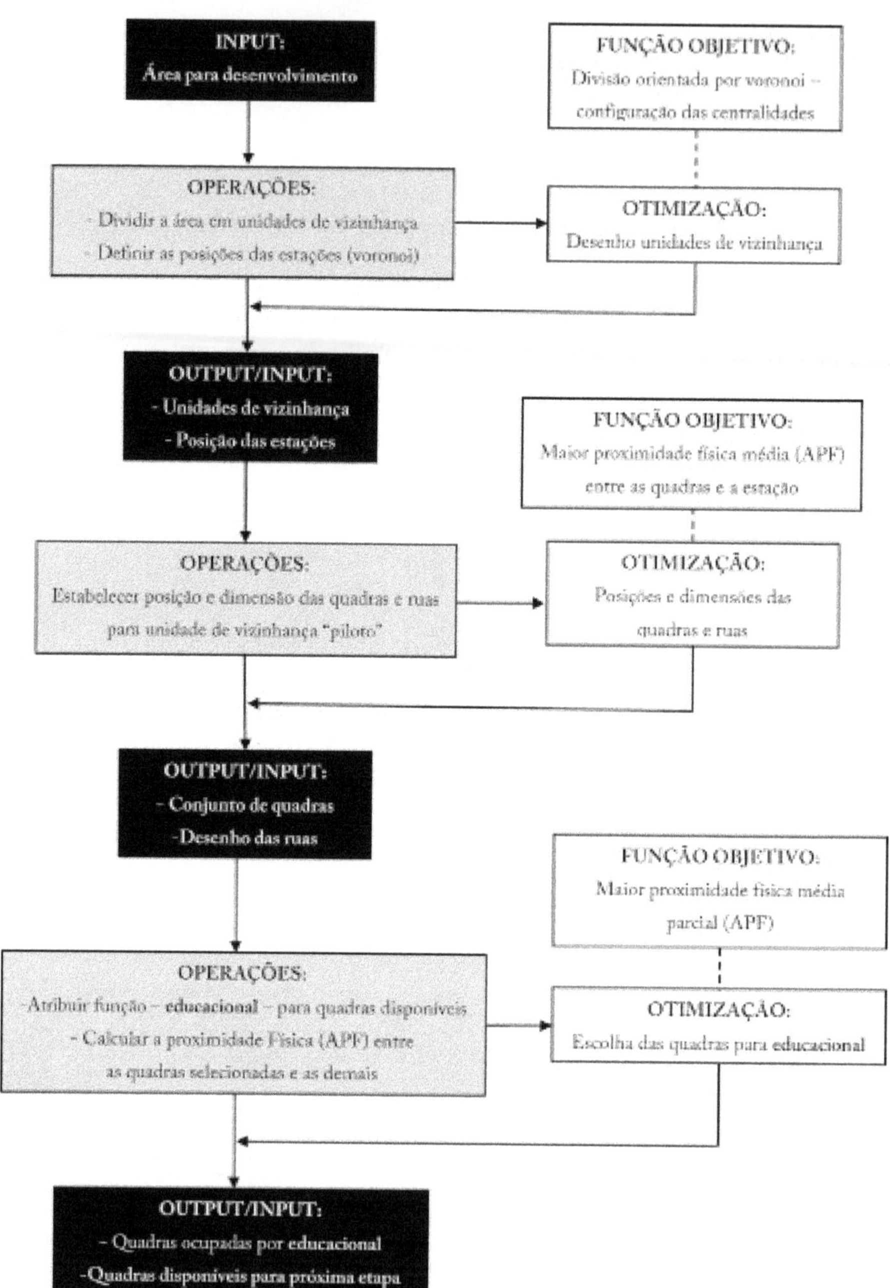

Figura 32. Descrição do experimento referente à parte 1 do Ensaio 1. Fonte: O autor.

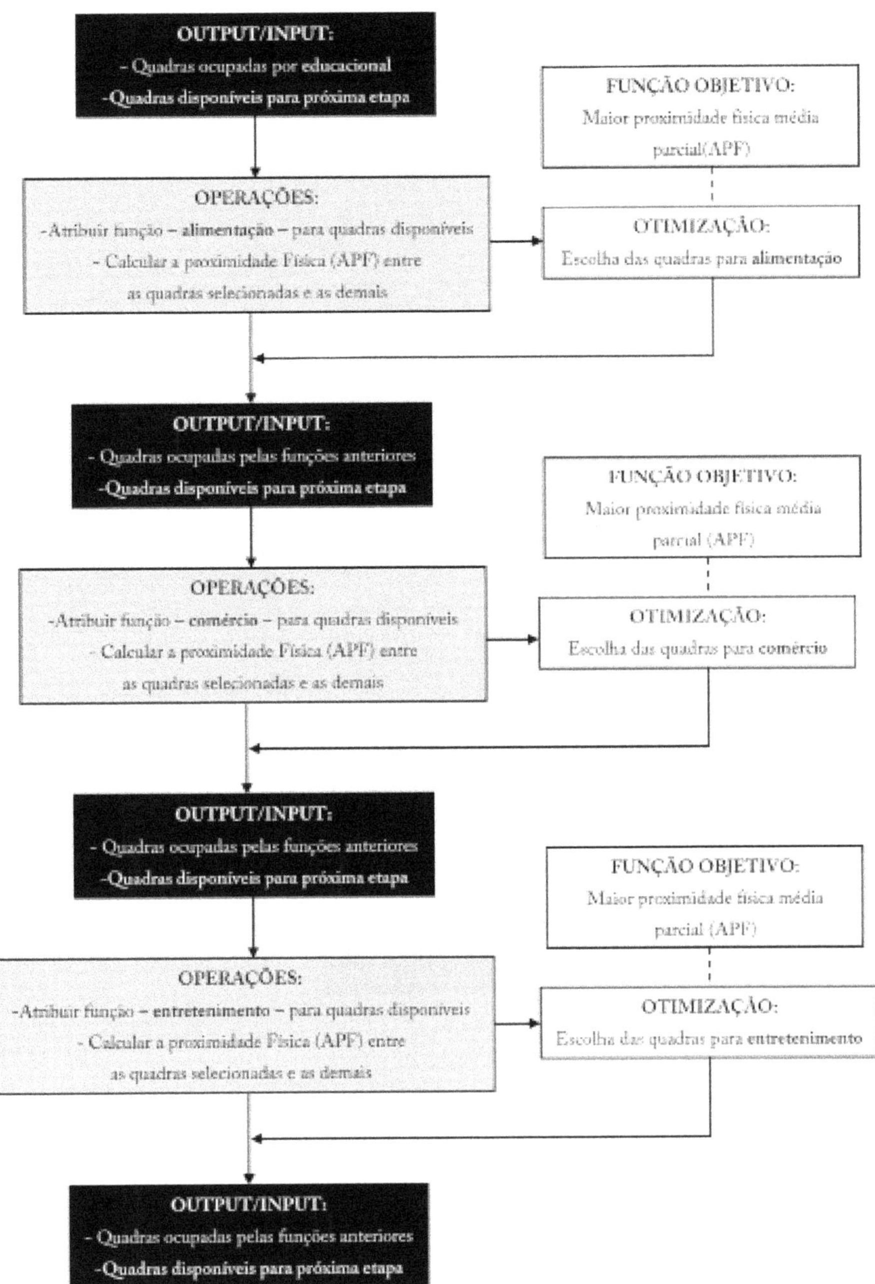

Figura 33. Descrição do experimento referente à parte 2 do Ensaio 1. Fonte: O autor.

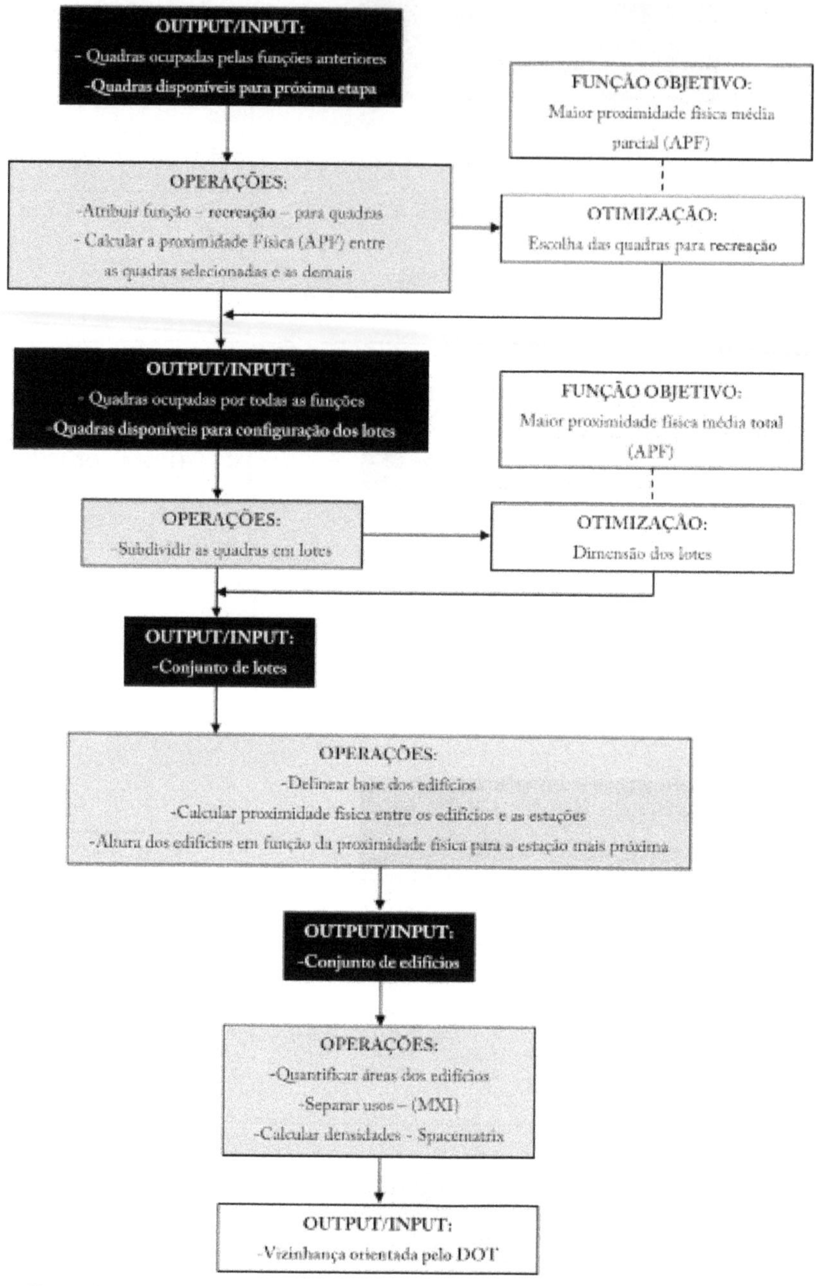

Figura 34. Descrição do experimento referente à parte 3 do Ensaio 1. Fonte: O autor.

Uma vez estabelecida a área para o desenvolvimento do experimento, o primeiro passo foi elaborar uma definição algorítmica que permitisse subdividi-la em unidades de vizinhança com uma escala apropriada para a aplicação dos princípios estabelecidos pelo modelo DOT. Desta forma, foi definido um raio em torno de 800 metros, com as centralidades determinadas por meio da lógica do diagrama de Voronoi.

A Figura 35 ilustra, portanto, o processo para que divide a área inicial em unidades de vizinhança, com as posições das estações determinadas por suas áreas de influência.

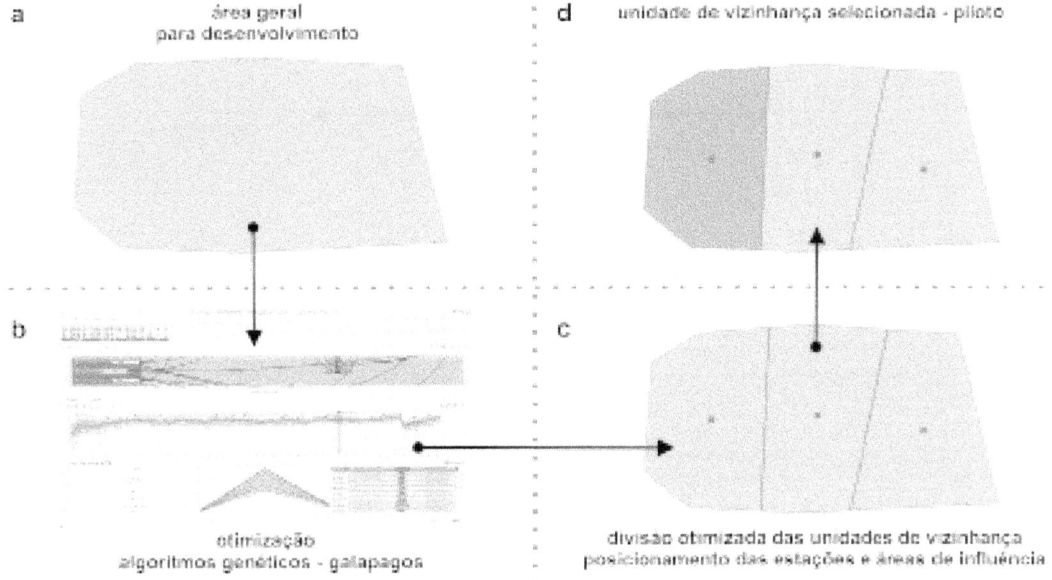

Figura 35. Processo de divisão da área em unidades de vizinhança. Fonte: O autor.

Em seguida, um código foi elaborado e utilizado para posicionar a estação de transporte e organizar a rede de ruas e as quadras, cujas dimensões foram definidas por meio de uma divisão ortogonal regular. Na sequência, uma tarefa de otimização foi executada para encontrar as configurações mais eficientes para a geometria das quadras e ruas, refinando dimensões e posicionamentos. O Algoritmo de Proximidade Física (APF) alimentou a tarefa de otimização, na procura pelo arranjo que proporcionou a maior Proximidade Física (PF) média entre todos os terrenos e a estação. Assim, a meta inicial, obter uma configuração com elevada acessibilidade ao transporte, foi cumprida.

A Figura 36 apresenta alguns dos arranjos resultantes do processo de otimização e a configuração avaliada como ***ótima***, ou seja, a que forneceu a menor distância média entre todos os lotes e a estação, correspondendo, portanto, à maior acessibilidade média ao transporte.

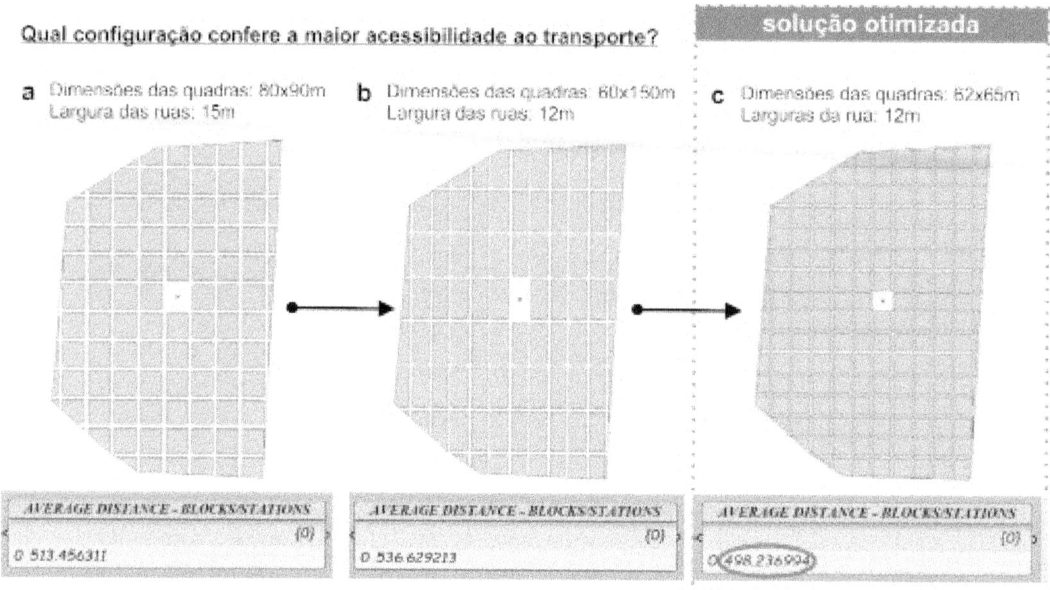

Figura 36. Alguns arranjos resultantes do processo de otimização e a configuração avaliada como ótima. Fonte: O autor.

Após a definição do desenho ótimo para quadras e ruas, o passo seguinte foi encontrar as melhores quadras para posicionar serviços urbanos. Foram consideradas cinco categorias de serviços essenciais para o cálculo da caminhabilidade[16].

[16] As categorias abordadas nos ensaios 1 e 2 foram **educação**, **alimentação**, **comércio**, **entretenimento** e **recreação**. Nos ensaios 3 e 4 foram incorporadas as categorias **saúde** e **outros**.

Neste momento, o APF foi utilizado para estimar os índices de Proximidade Física (iPFs) globais e parciais de todos os locais. Estes cálculos consideraram as menores distâncias físicas entre os locais, dada a rede de ruas proposta.

A Figura 37 exibe o processo de otimização do índice de Proximidade Física (PF) para posicionamento dos serviços. A cada etapa, foram selecionadas as quadras para implementação de cada categoria de serviço, representadas na imagem, por meio de cores diferentes. Este procedimento foi repetido para as cinco categorias, até que foram encontradas as configurações ótimas para posicionamento dos serviços de todas as categorias. A partir de então, elaborou-se a divisão das quadras em lotes, de maneira que fosse mantido o maior iPF médio global possível.

Neste experimento, foi adotado, como fundamento, o uso de quadras exclusivas para abrigar os serviços propostos, de maneira a possibilitar estudos e simulações sobre a inserção de equipamentos urbanos de grande porte. Esta premissa pode ter criado algumas distorções nos resultados, pois não são comuns os casos em que uma localidade possua quadras que tenham somente serviços; por outro lado, este ponto de partida permitiu simular situações urbanas que apresentam quadras que abrigam usos específicos ou estratégicos.

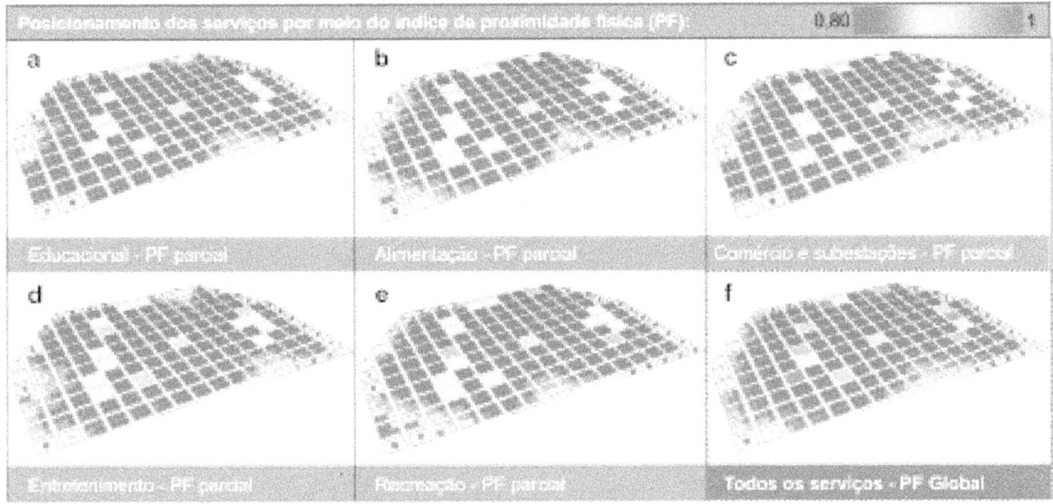

Figura 37. Processo de otimização realizado com o Algoritmo de Proximidade Física (APF) para posicionamento dos serviços. Fonte: O autor.

Conforme afirmado anteriormente, o índice de densidade é de fundamental importância no contexto do DOT. O ambiente paramétrico e algorítmico para cálculo dos indicadores *Spacematrix* permitiram uma avaliação articulada e dinâmica das geometrias urbanas, por meio da análise de diferentes cenários de ocupação, de acordo com as densidades mínimas residenciais necessárias para apoiar diferentes modais de transporte. Foi possível relacionar a altura e, por consequência, propor a densidade a ser utilizada como referência para calcular a ocupação das edificações, de acordo com a distância dos locais para a estação principal ou para uma das subestações, posicionadas nas quadras indicadas para o comércio, conforme ilustra a Figura 38.

O metrô leve foi adotado como modal primário e modais secundários foram considerados, a fim de verificar a funcionalidade do modelo. A densidade se apresentou crescente, conforme as edificações se aproximaram da estação. Isto não se deveu apenas às alturas das edificações, mas também aos cálculos para áreas mínimas e máximas de construção, projetados para satisfazer a condição fundamental: não permitir a que a densidade média ultrapasse determinado valor, atuando, portanto, como apoio para os modais primários. Caso haja necessidade de se alterar um modal primário, toda a geometria planejada para a vizinhança pode ser automaticamente rearranjada.

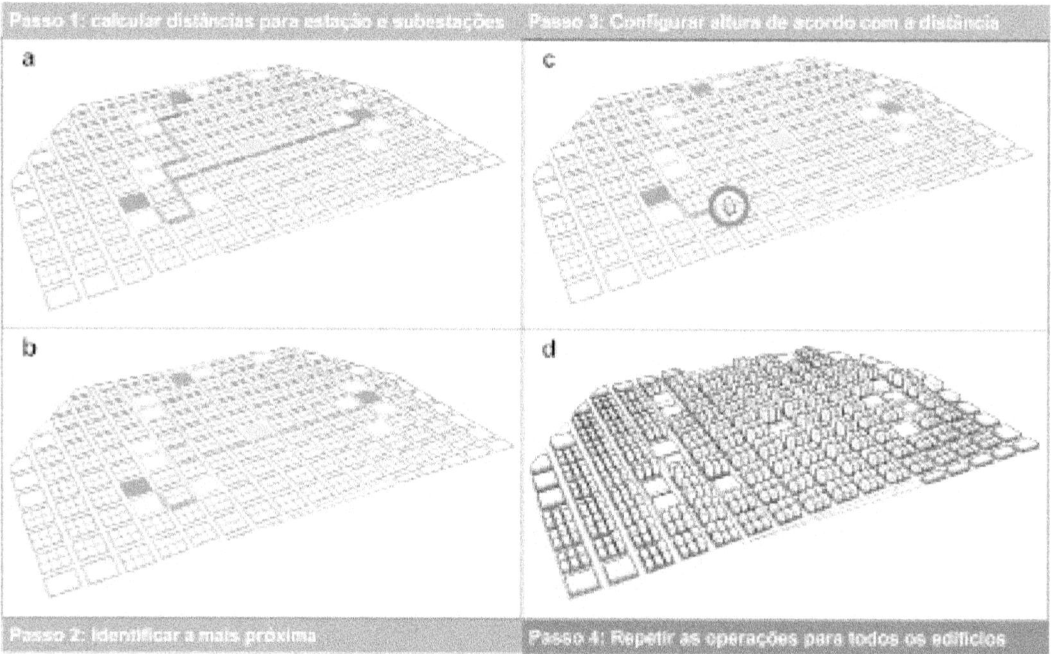

Figura 38. Cálculo das distâncias para a estação ou subestações, para determinação das alturas máximas dos edifícios. Fonte: O autor.

A Figura 39 apresenta como foi realizado o controle paramétrico das alturas das edificações e da densidade da área analisada. O arranjo das geometrias das edificações foi elaborado de maneira a atender à densidade populacional necessária ao modal adotado, bem como a permitir maiores alturas (e, consequentemente, concentração de pessoas), de acordo com o iPF para a estação ou subestações.

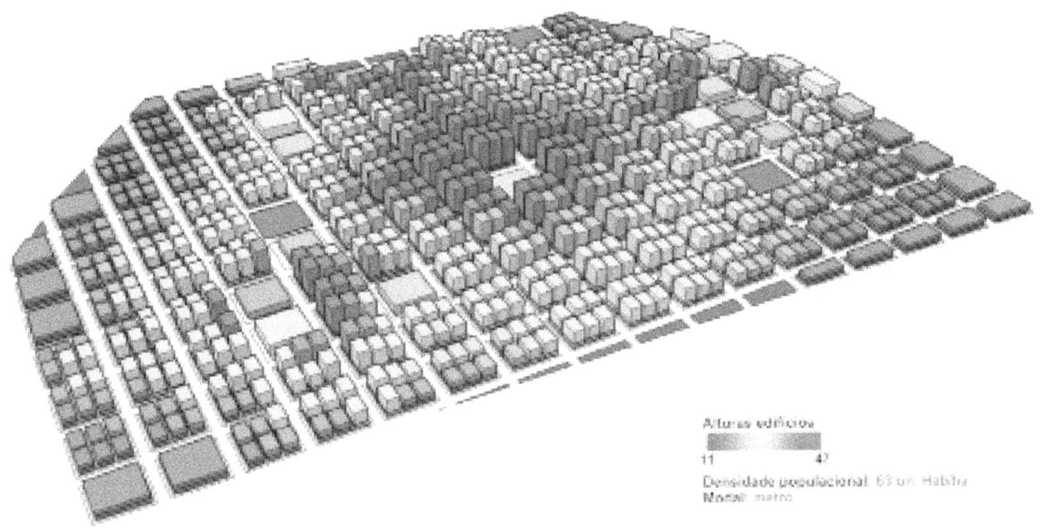

Figura 39. Controle paramétrico das alturas das edificações e da densidade da área analisada. Fonte: O autor.

O Algoritmo de Uso Misto (AMX) foi utilizado para proporcionar uma distribuição equilibrada entre áreas residenciais e não residenciais. Foi utilizada uma função de zoneamento capaz de assegurar uma proporção de 1/1, ou um índice de uso misto de 0,5.

A Figura 40 apresenta a distribuição parametrizada entre áreas residenciais e não residenciais, com base no MXI e a Figura 41 apresenta as configurações de usos e o índice de Proximidade Física (iPF) de cada um dos edifícios propostos para os serviços, respectivamente.

A distribuição de usos residenciais e não residenciais, apresentada na Figura 41, mostra uma organização uniforme, obtida por meio de métodos e ferramentas que otimizam o processo, apresentando resultados de maneira dinâmica. Esta, portanto, é uma demonstração do potencial do *CityMetrics* em apresentar várias possibilidades de arranjo, de acordo com diferentes critérios, para que sejam avaliadas.

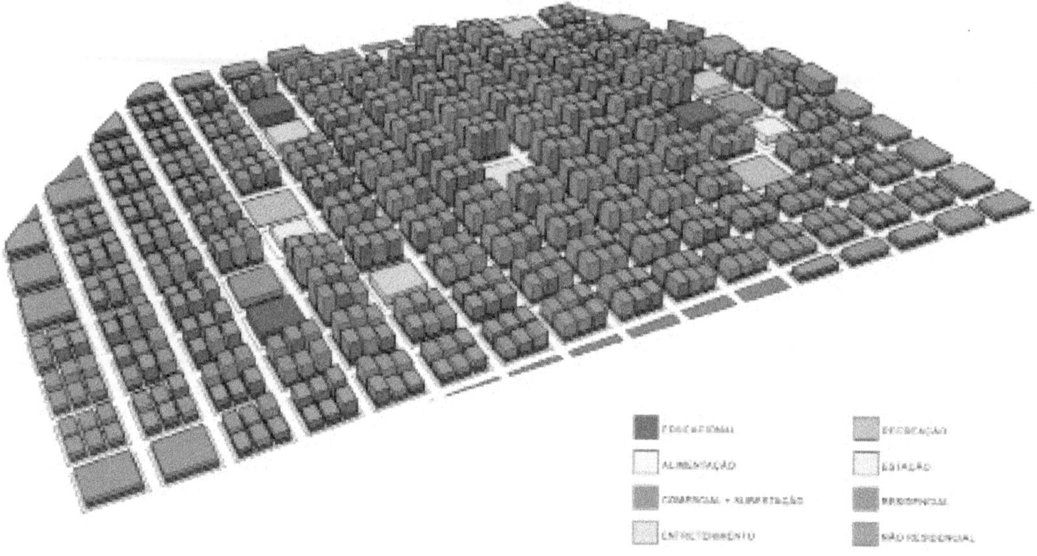

Figura 40. Distribuição com base no MXI. Fonte: O autor.

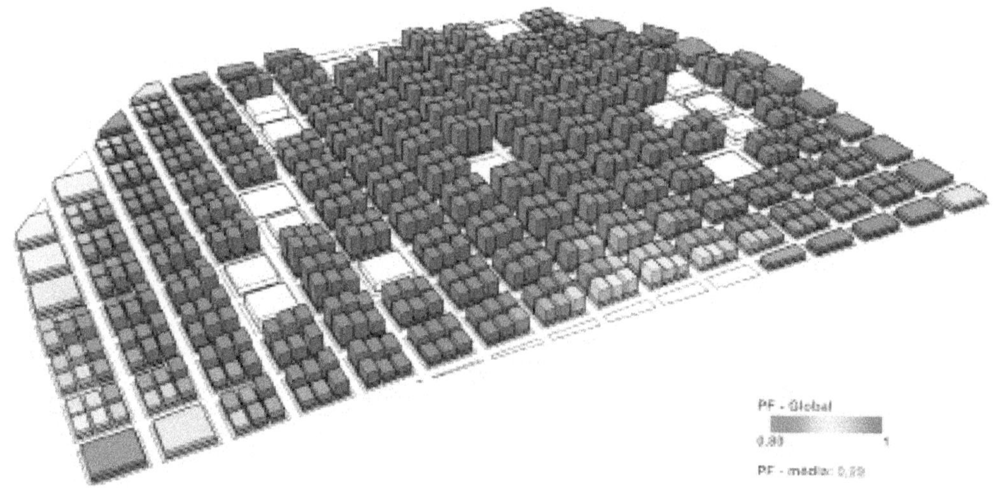

Figura 41. iPFs globais para cada um dos edifícios propostos. Fonte: O autor.

Desta forma, acredita-se possível concluir que outras regras poderiam ter sido incorporadas a este experimento, de maneira a garantir que os espaços de trabalho estivessem concentrados em determinadas ruas ou eixos, por exemplo. Aspectos econômicos e relacionados à qualidade dos espaços poderiam ter sido considerados para determinar quais ruas teriam um caráter mais residencial e outras, um perfil mais direcionado a comércio ou serviços.

Resultados do Ensaio 1

A organização proposta para este bairro, algoritmicamente desenvolvido com o suporte do *CityMetrics*, o coloca dentro dos parâmetros adequado de acessibilidade ao transporte, de acordo com o modelo DOT e outras referências citadas neste livro.

A distância média entre todos os terrenos e a estação é de 453,85 m, menos de seis minutos a pé. A menor distância obtida foi doze metros, menos de um minuto a pé, e a maior, 992 metros, menos de 13 minutos a pé. O arranjo otimizado dos serviços forneceu um índice de Proximidade Física médio para a estação de 0,91. A pontuação menor foi 0,51 e a maior foi 1.

Geometrias parametricamente controladas permitiram regular variações de densidade, de modo que esta poderia aumentar de acordo com a proximidade dos edifícios e quadras das estações, indo de 27 unidades habitacionais por hectare, nos pontos mais distantes, a 353,5 unidades habitacionais por hectare, nos pontos mais próximos aos nós de transportes.

A densidade residencial global média, 67,7 unidades habitacionais por hectare, ultrapassa, com folga, a densidade mínima residencial necessária para justificar o investimento em metrô, de 22,5 unidades habitacionais por hectare. O arranjo proposto para o bairro, bem como para os edifícios, proporciona múltiplos usos, com as áreas térreas reservadas a usos não residenciais. A relação entre áreas residenciais e não residenciais (MXI) foi parametricamente regulada. A fim de estabelecer uma equação equilibrada, a proporção 1/1 foi adotada; esta relação poderia ser modificada, rearranjando todo o sistema, de acordo com diferentes situações, demandas ou até mesmo de acordo com diferentes vocações ou características desejadas.

O Quadro 1 apresenta informações gerais do Ensaio 1, que registram como o *CityMetrics* foi eficaz no suporte ao desenvolvimento da vizinhança, de acordo com as métricas adotadas.

Informações Gerais	
Área total do bairro	261.01 ha
Área do bairro	86.99 ha
Número total de quadras	156
Dimensões quadras típicas	62x65m
Total de quadras típicas	131
Largura das ruas	12m
Total de quadras atípicas	25
Total de lotes	721
Total de lotes típicos	696
Dimensões dos lotes típicos	19.7x28m
Total de lotes atípicos	25

Acessibilidade ao Transporte		
Distâncias entre os lotes e a estação		
Menor	Média	Maior
12m	453,85m	992m
Índices de Proximidade Física p/ estação		
Menor	Média	Maior
0,51	**0,91**	1

Caminhabilidade			
Índices de Proximidade Física p/ serviços (Parciais)			
Categoria	Menor	Média	Maior
Educacional	0,87	0,99	1
Alimentação	0,77	0,99	1
Comércio	0,82	0,99	1
Entretenimento	0,83	0,99	1
Recreação	0,71	0,99	1
Índices de Proximidade Física p/ serviços (Globais)			
Menor	Média	Maior	
0,83	0,99	1	

Diversidade e Densidade			
Índ. Uso Misto (MXI)	**Residencial**	Ñ-Residencial.	
	0,5	0,5	
Spacematrix			
FSI	GSI	N	
2,74	0,39	0,05	
Densidade Populacional (un. Hab./ha)			
Menor	Média	Maior	Modal
27	67,7	353,5	Metrô

Quadro 1. Dados e resultados referentes ao Ensaio 1.

6.2 Ensaio 2 – otimização multi-objetivo em área abstrata

O Ensaio 2 pode ser entendido como uma evolução da prova de conceito apresentada no Ensaio 1. O modelo utilizado neste ensaio mantém a estrutura e os objetivos do primeiro experimento, porém as tarefas de otimização passaram a ser elaboradas pela lógica das múltiplas funções-objetivo (plug-in *Octopus*).

Pretendeu-se obter uma melhor compreensão sobre a influência dos diferentes métodos de otimização empregados (uni e multi-objetivo). Para que a análise por otimizações multi-objetivo fosse realizada, foi necessário rearranjar a maneira como as perguntas (problemas) foram elaboradas, o que alterou a forma como as respostas (soluções) foram fornecidas.

A lógica do experimento em questão está explicitada pelas Figuras 42 a 44. Na Figura 42, é possível observar que as diretrizes e os *inputs* são os mesmos do Ensaio 1; entretanto, a utilização de otimização multi-objetivo reduziu a quantidade de etapas e induziu a realização de uma dinâmica diferente para o Ensaio 2.

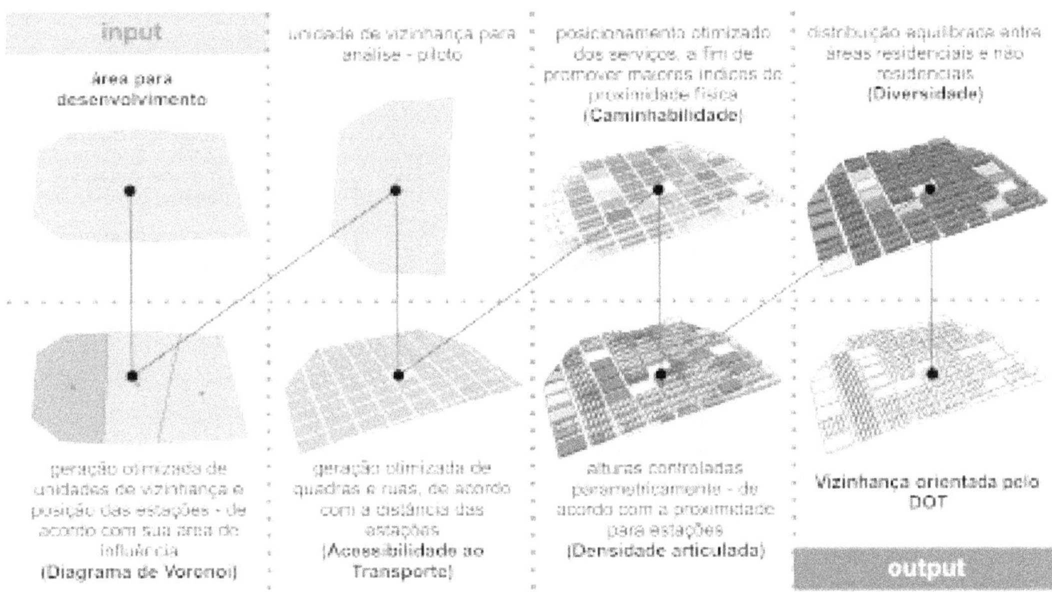

Figura 42. Sequência de etapas referentes ao Ensaio 2. Fonte: O autor.

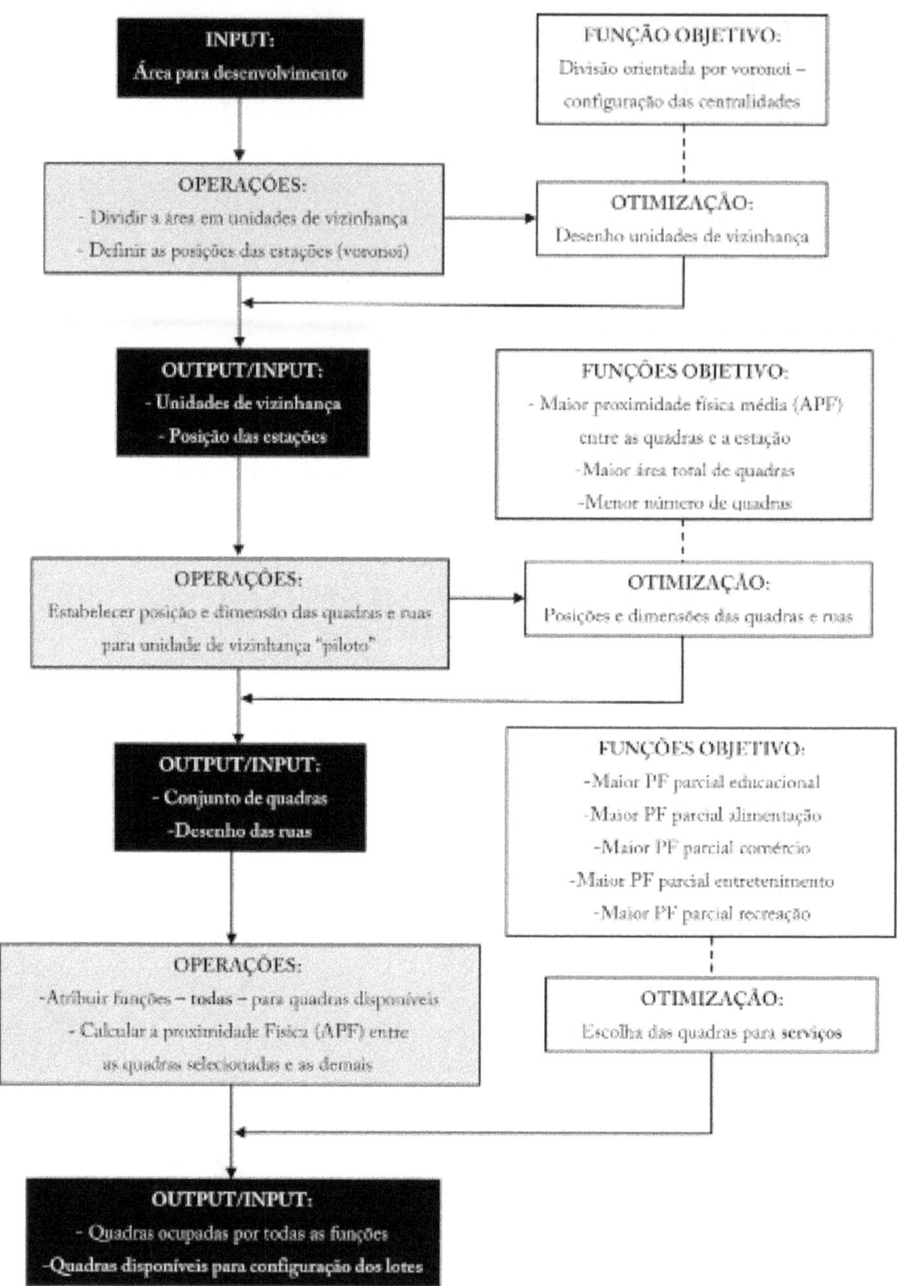

Figura 43. Descrição do experimento referente à parte 1 do Ensaio 2. Fonte: O autor.

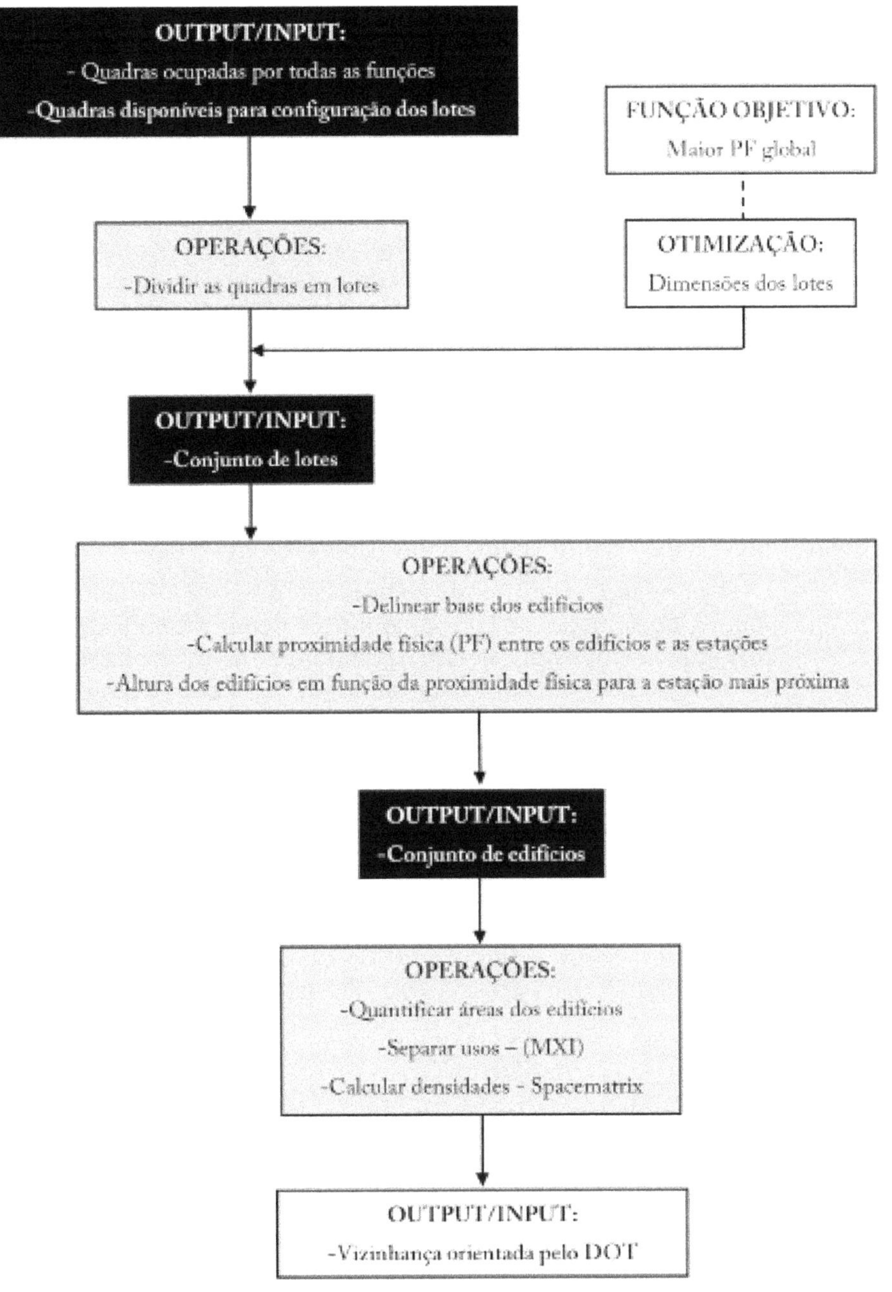

Figura 44. Descrição do experimento referente à parte 2 do Ensaio 2. Fonte: O autor.

Neste segundo ensaio, os experimentos foram conduzidos a partir da unidade de vizinhança resultante do Ensaio 1. A manutenção da mesma referência é o que permitiu realizar comparações criteriosas entre os experimentos. A partir de então, foram executadas as operações que definiram a otimização do desenho e do dimensionamento das quadras e ruas. A sequência de passos foi a mesma do Ensaio 1, e o método de otimização multi-objetivo foi utilizado.

Foi possível, portanto, procurar configurações otimizadas para qualquer uma entre as seguintes condições: a) maior proximidade física média (PFm) entre todas as quadras e a estação; b) menor número possível de quadras; c) maior aproveitamento possível da área total disponível para ocupação por quadras. A partir das soluções geradas pela otimização multi-objetivo, uma destas condições seria utilizada para determinar qual decisão a ser tomada.

A otimização multi-objetivo forneceu uma série de soluções ótimas, ou soluções de Pareto, conforme demonstram os gráficos da Figura 45, que apresentam o conjunto de soluções, à esquerda, e a solução adotada para a continuidade do ensaio, à direita.

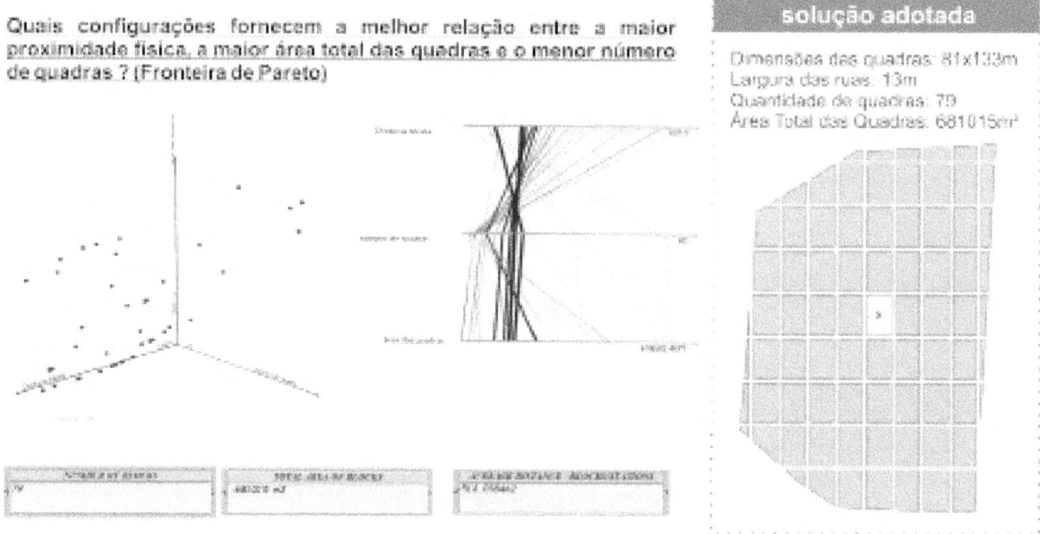

Figura 45. Gráficos apresentando o conjunto de soluções de Pareto e a solução adotada. Fonte: O autor.

Entre o conjunto de soluções apresentadas, optou-se pela que representa uma resposta ideal para a condição de estudo: maior aproveitamento possível da área total disponível para ocupação por quadras, o que pode significar a promoção de um melhor uso do solo e menor gasto com infraestrutura. Depois de tomada a decisão sobre o processo de otimização adotado para o desenho e dimensionamento das quadras e ruas, o passo seguinte foi encontrar, de acordo com os métodos de otimização multi-objetivo, as melhores quadras para se inserir os serviços urbanos, considerando as mesmas categorias utilizadas no Ensaio 1.

O algoritmo de proximidade física (APF), com o auxílio do plug-in *Octopus*, foi utilizado para estimar os índices de proximidade física (iPFs) parciais de todas as quadras do bairro. O *Octopus* foi utilizado para realizar o processo de otimização multi-objetivo. As cinco categorias foram abordadas em uma só operação, em que foram simuladas uma série de configurações ótimas para o posicionamento dos serviços. Em uma tarefa subsequente, os iPFs globais foram utilizados no processo de otimização que promoveu a divisão das quadras em lotes. A Figura 46 ilustra as quadras ocupadas pelos serviços, com os lotes demarcados e os iPFs parciais e globais obtidos.

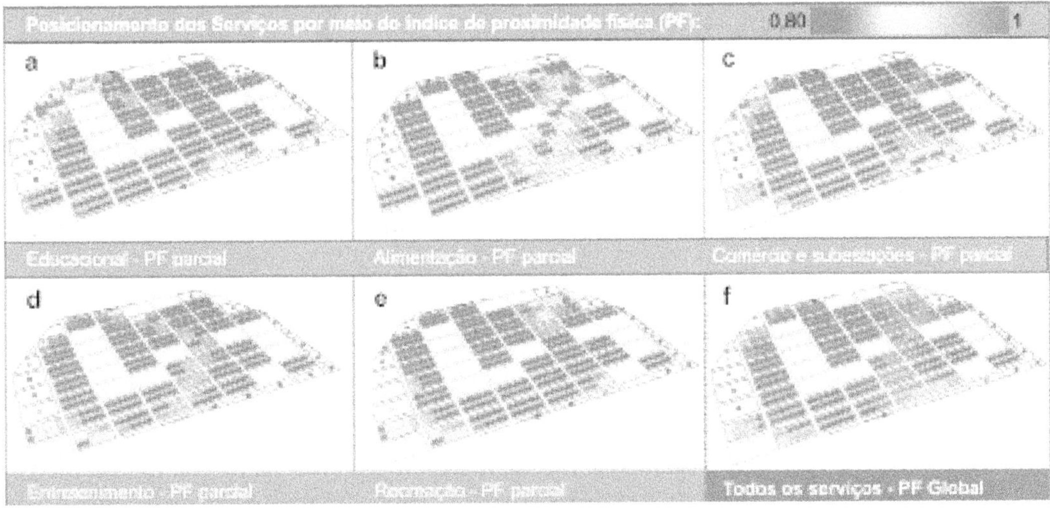

Figura 46. Processo de otimização que utilizou o índice de Proximidade Física (iPF) para posicionamento dos serviços. Fonte: O autor.

O passo seguinte foi avaliar e propor as alturas máximas das edificações, de acordo com as distâncias dos lotes para a estação principal ou para uma das subestações. As estações, por sua vez, foram posicionadas nas quadras indicadas para comércio. As densidades mínimas residenciais necessárias para apoiar os diferentes modais de transporte foram utilizadas como referência, assim como no Ensaio 1. O ambiente paramétrico e o algoritmo para cálculo dos indicadores *Spacematrix* foi utilizado. O resultado é presentado pela Figura 47.

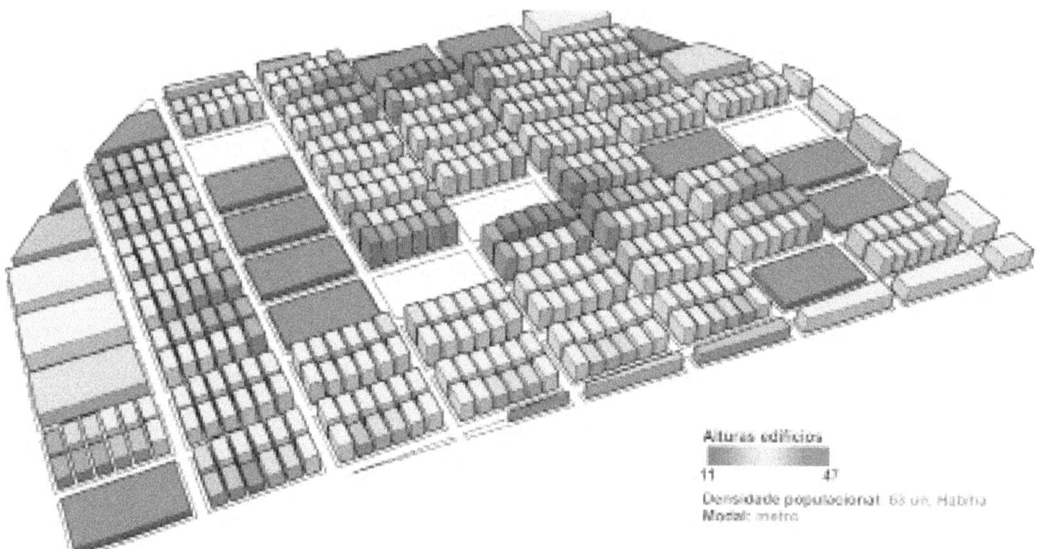

Figura 47. Controle paramétrico das alturas das edificações e da densidade da área analisada de acordo com o processo de otimização multi-objetivo. Fonte: O autor.

O Algoritmo de Uso Misto (AMX) foi utilizado para proporcionar uma distribuição equilibrada entre áreas residenciais e não residenciais, resultando em um índice de uso misto de 0,5.

A Figura 48 apresenta a distribuição parametrizada entre áreas residenciais e não residenciais, com base no MXI, e a Figura 49 exibe os índices de Proximidade Física globais de cada um dos edifícios propostos algoritmicamente, respectivamente.

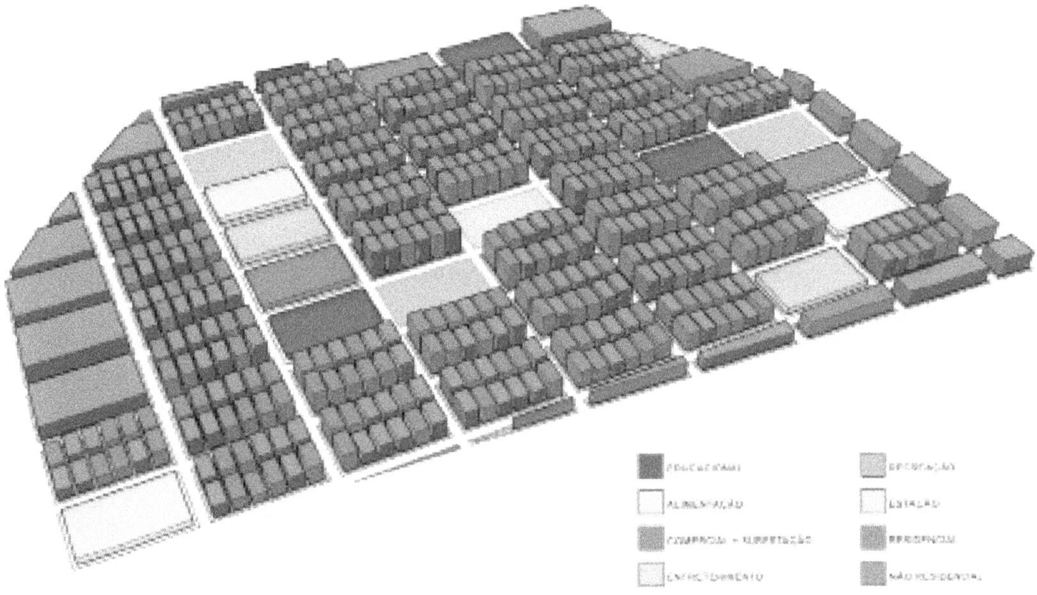

Figura 48. Distribuição com base no MXI. Fonte: O autor.

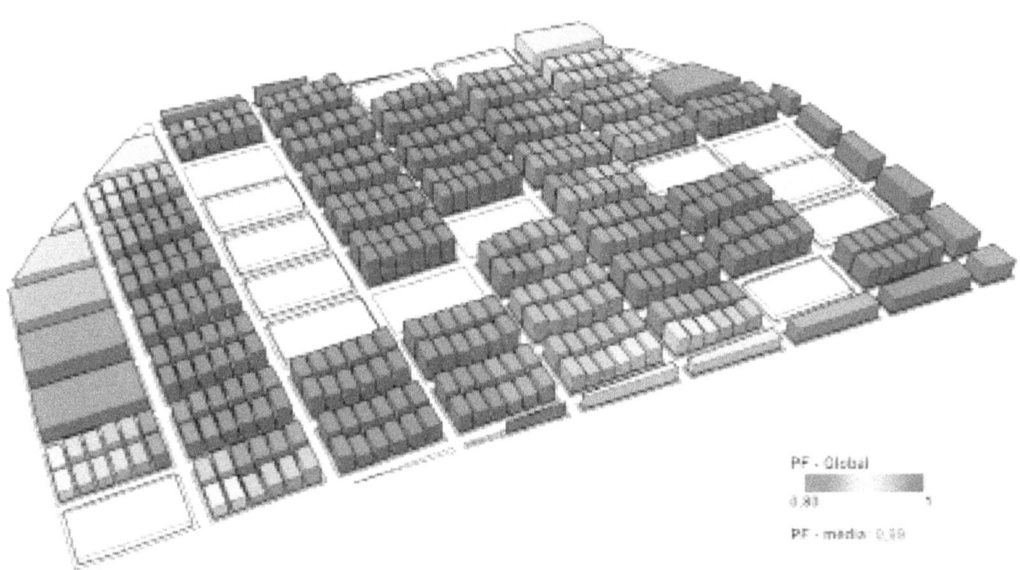

Figura 49. iPFs globais para cada um dos edifícios propostos. Fonte: O autor.

Resultados do Ensaio 2

Observou-se que o método de otimização multi-objetivo utilizado no Ensaio 2 produziu resultados de projeto que proporcionaram melhor acessibilidade ao transporte do que os obtidos no Ensaio 1.

A distância média registrada entre todos os terrenos e a estação foi ligeiramente menor do que no ensaio anterior: 450,82 m, menos de seis minutos a pé. A menor distância obtida foi nove metros, menos de um minuto a pé, e a maior, 955m, menos de 13 minutos a pé.

O arranjo otimizado das quadras e lotes forneceu um iPF médio para a estação de 0,91. A pontuação menor foi 0,54 e a maior foi 1.

As variações de densidade foram parametricamente reguladas, em valores que poderiam aumentar de acordo com a proximidade dos edifícios e quadras para as estações, indo de 33 unidades habitacionais por hectare, nos pontos mais distantes, a 175,7 unidades habitacionais por hectare, nos pontos mais próximos aos nós de transportes.

A densidade residencial global média, 108,5 unidades habitacionais por hectare, ultrapassa, com folga, a densidade mínima residencial necessária para justificar o investimento em metrô, de 22,5 unidades habitacionais por hectare.

A relação entre áreas residenciais e não residenciais (MXI) foi novamente regulada parametricamente.

O Quadro 2 apresenta as informações gerais do Ensaio 2.

Informações Gerais	
Área total do bairro	261.01 ha
Área do bairro	86.99 ha
Total de quadras	75
Dimensões quadras típicas	81x133m
Total de quadras típicas	51
Largura das ruas	13m
Total de quadras atípicas	24
Total de lotes	492
Total de lotes típicos	456
Dimensões lotes típicos	21x37,5m
Total de lotes atípicos	36

Acessibilidade ao Transporte		
Distâncias entre os lotes e a estação		
Menor	Média	Maior
9m	450,82m	955m
Índices de Proximidade Física p/ estação		
Menor	Média	Maior
0,54	**0,91**	1

Caminhabilidade			
Índices de Proximidade Física p/ serviços (Parciais)			
Categoria	Menor	Média	Maior
Educacional	0,80	0,97	1
Alimentação	0,70	0,97	1
Comércio	0,84	0,98	1
Entretenimento	0,82	0,99	1
Recreação	0,82	0,99	1
Índices de Proximidade Física p/ serviços (Globais)			
Menor	Média	Maior	
0,80	0,98	1	

Diversidade e Densidade			
Índ. Uso Misto (MXI)	**Residencial**	Ñ-Residencial.	
	0,5	0,5	
Spacematrix			
FSI	GSI	N	
4.02	0,50	0,04	
Densidade Populacional (un. Hab./ha)			
Menor	Média	Maior	Modal
33	108,5	175,7	Metrô

Quadro 2. Dados e resultados referentes ao Ensaio 2.

6.3 Ensaio 3 – otimização multi-objetivo em área existente

O Ensaio 3 foi realizado para avaliar o uso do *CityMetrics* em uma unidade de vizinhança existente, com o propósito de verificar a) se a aplicação do sistema pode ser adequada a uma área urbana real e b) se os princípios mensuráveis do modelo DOT, utilizados como referência para a elaboração das ferramentas, são corretamente aplicados pelo *CityMetrics* na vizinhança estudada, e quais os resultados obtidos.

A área urbana escolhida para estudo foi o bairro Cascatinha, localizado na cidade de Juiz de Fora, Minas Gerais. O bairro pode ser considerado adequado para ser analisado de acordo com os princípios do modelo DOT e, por consequência, para ser credenciado como uma amostra adequada para a avaliação do *CityMetrics*, pois apresenta as seguintes características:

a. extensão adequada para implementação do DOT (aproximadamente um quilômetro de diâmetro);

b. densidade relativamente baixa;

c. nenhuma estação de transporte e, portanto, demanda para implementação de uma;

d. complexidade topográfica;

e. áreas disponíveis para novas construções;

f. proximidade de serviços relevantes, como um parque, um hospital, uma universidade e um centro comercial, entre outros e;

g. uma boa posição na rede urbana, ligando diretamente o centro da cidade a outras regiões do município.

Estes aspectos proporcionam um cenário adequado para avaliar o *CityMetrics*, pois reúnem problemas típicos do modelo de cidade espraiada, situação encontrada em vários centros urbanos em todo o mundo, e apresenta restrições e condicionantes importantes, que serão explicitadas ao longo da descrição do ensaio.

A Figura 50 apresenta a posição da cidade de Juiz de Fora, uma imagem aérea do bairro Cascatinha e a imagem da modelagem 3D realizada a partir das informações obtidas sobre o bairro. A Figura 51 ilustra a estrutura básica do experimento e a Figura 52 detalha as operações executadas.

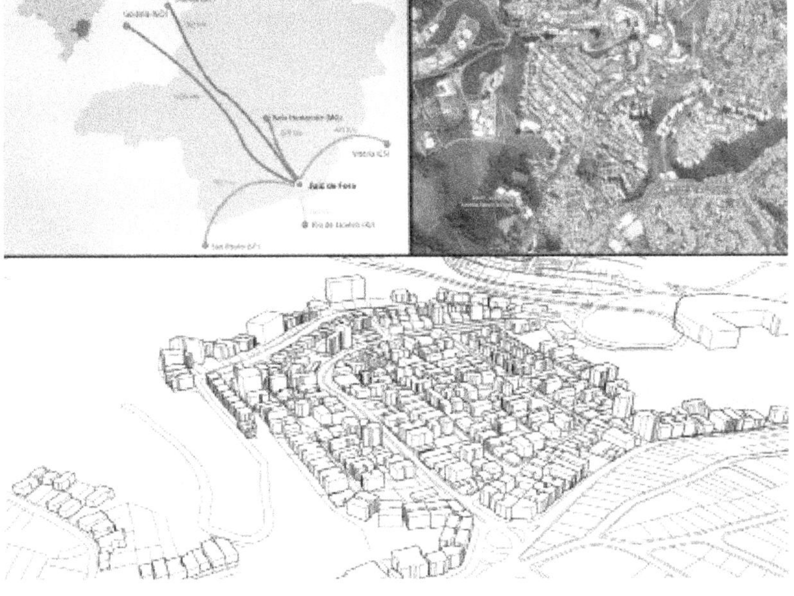

Figura 50. A posição de Juiz de Fora, vista aérea do bairro Cascatinha e imagem de modelagem 3D deste bairro. Fonte: O autor.

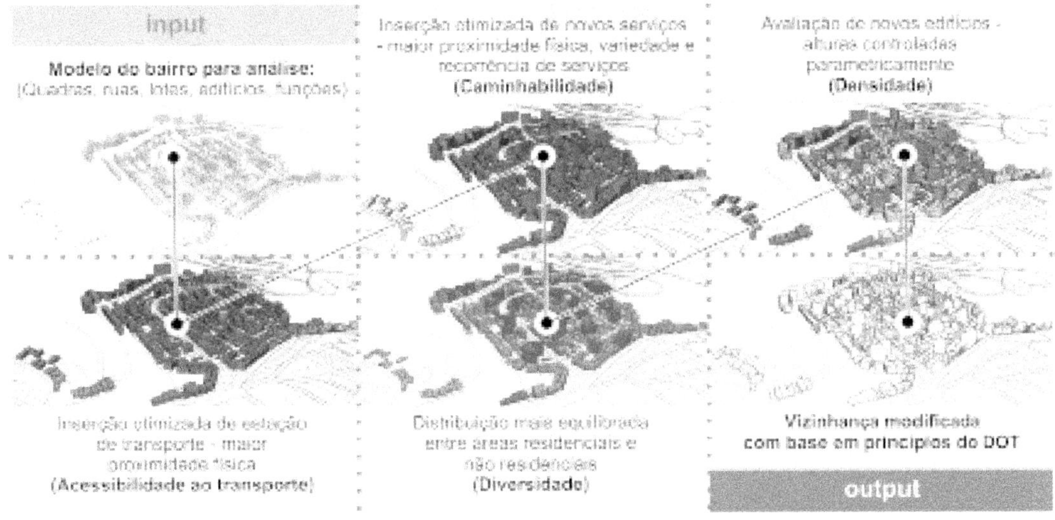

Figura 51. Sequência de etapas do experimento referente ao Ensaio 3. Fonte: O autor.

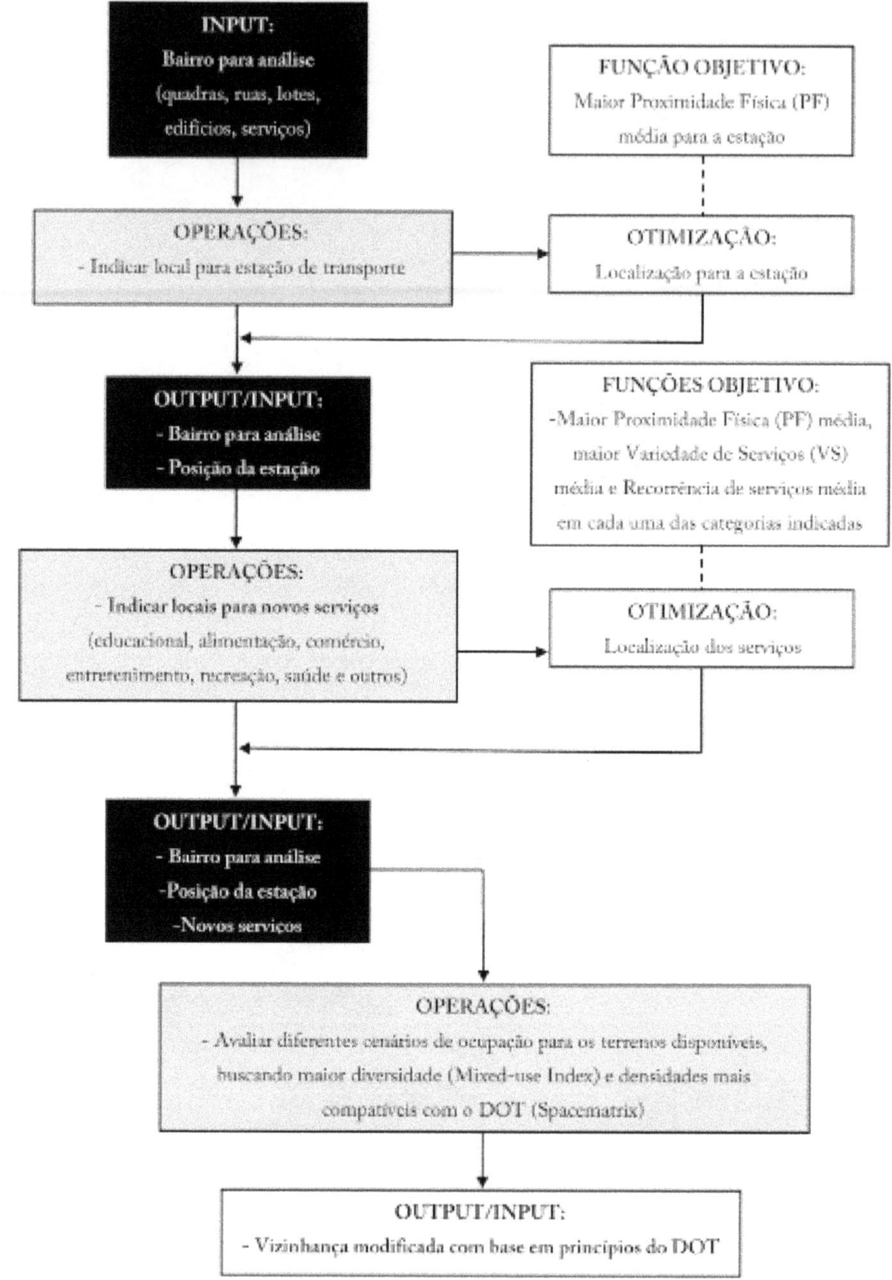

Figura 52. Descrição do experimento referente ao Ensaio 3. Fonte: O autor.

Para realizar o ensaio, foram obtidas e transferidas as seguintes informações para o modelo de análise:

a. os desenhos, número de pavimentos, usos e posicionamento topográfico de cada edificação existente, para que fossem calculadas as distâncias, trajetos, caminhos e conexões possíveis, aferir diversidade e indicadores de densidade;

b. a localização de cada um dos serviços do bairro e de seus arredores, de acordo com as categorias consideradas, para mensurar a caminhabilidade, por meio da obtenção dos índices de proximidade física (iPFs), da variedade de serviços (iVSs) e da recorrência dos serviços (iRSs) do bairro;

c. as áreas disponíveis (lotes vagos e construções não consolidadas), que poderiam receber novas construções com usos que estimulem o aumento da diversidade da área, se necessário;

d. o desenho topográfico das ruas do bairro, com vistas a considerar trajetos, distâncias e inclinações para cálculos de proximidade, e;

e. o desenho das quadras e lotes, de modo a dar suporte a diversas análises, com destaque para a avaliação da densidade por meio do *Spacematrix*.

A Figura 53 exibe parte do modelo de análise utilizado no experimento referente ao Ensaio 3. Ruas, quadras, lotes e serviços foram emulados por entidades geométricas com propriedades associadas.

Figura 53. Imagem de parte do modelo de análise utilizado no Ensaio 3. Fonte: O autor.

A partir de então, foram realizadas as operações de simulação e otimização multi-objetivo, com o objetivo de encontrar um cenário que apresentaria melhores números para os indicadores de acessibilidade ao transporte, caminhabilidade e diversidade.

Para que este objetivo fosse concretizado, o seguinte roteiro foi executado:

a. Foi procurada a melhor localização para a inserção de uma estação, por meio de otimização, uma vez que o bairro não possui uma. A Figura 54 exibe a relação de Proximidade Física entre os edifícios do bairro e a estação, em azul. Cada edificação se encontra preenchida por uma cor, que corresponde ao seu iPF para a estação;

b. Foi proposto um novo serviço para cada categoria, buscando aumentar os seguintes índices relacionados à caminhabilidade: iPFs, iVSs e iRSs. A Figura 55 apresenta a interface do plug-in de otimização para posicionamento dos novos serviços. Observa-se a presença de vários eixos ilustrando as diferentes funções-objetivo adotadas; as linhas que cruzam os eixos representam as soluções de Pareto. Em amarelo, a solução adotada para a continuidade do desenvolvimento do Ensaio 3;

c. Em seguida, conforme ilustra a Figura 56, foi realizada a proposta para a inserção de novos serviços, concretizada após o término do processo de otimização.

d. A Figura 57 exibe a relação de Proximidade Física entre os edifícios e os serviços do bairro, antes e depois do processo de otimização que levou à proposta de inserção de novos serviços em cada categoria

e. Foram avaliadas diferentes estratégias de ocupação para os terrenos disponíveis, considerando o índice de uso misto (MXI) e os indicadores *Spacematrix*, para ajudar na análise dos impactos das soluções propostas. A Figura 58 apresenta a distribuição de áreas residenciais, em verde, e não residenciais, em magenta, antes (acima) e depois (abaixo) do uso das ferramentas do *CityMetrics* para realizar a avaliação de cenários e sugestão de modificações. As ocupações propostas proporcionam um índice de Uso Misto (MXI) mais equilibrado, sugerindo um bairro com maior diversidade.

f. As alturas e de densidades obtidas, depois do uso do *CityMetrics* para avaliação de cenários e proposição das modificações, estão apresentadas na Figura 59. As ocupações propostas para o bairro proporcionam indicadores de densidade mais elevados e mais compatíveis com a lógica do DOT.

Figura 54. Relação de Proximidade Física entre os edifícios do bairro e a estação. Fonte: O autor.

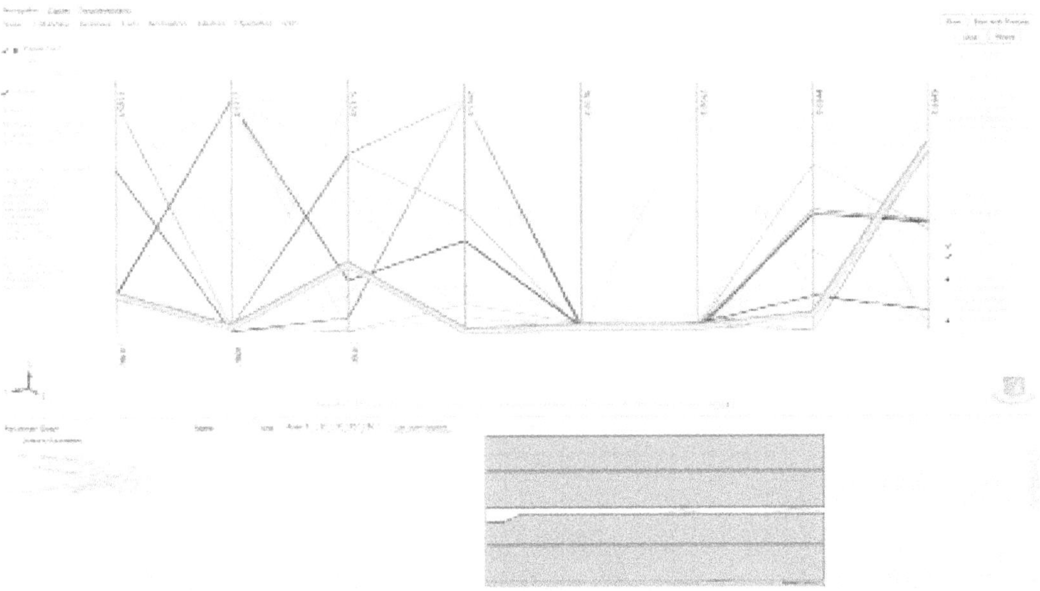

Figura 55. Interface do plug-in de otimização para posicionamento dos novos serviços. Fonte: O autor.

Figura 56. Localização dos serviços existentes (acima) e proposta para inserção de novos serviços (abaixo). Fonte: O autor.

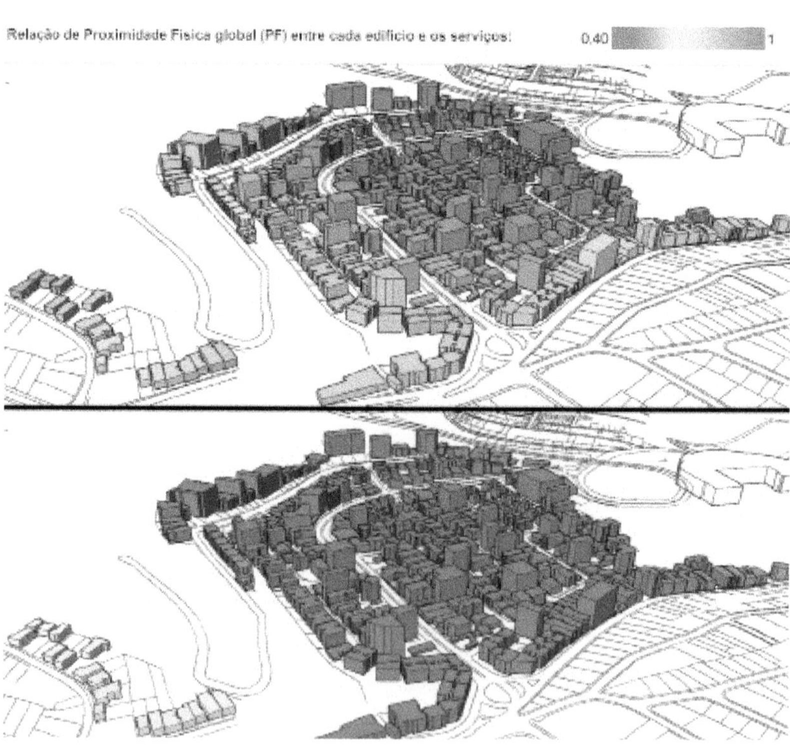

Figura 57. Relação de Proximidade Física entre os edifícios e os serviços do bairro, antes (acima) e depois (abaixo) de processo de otimização. Fonte: O autor.

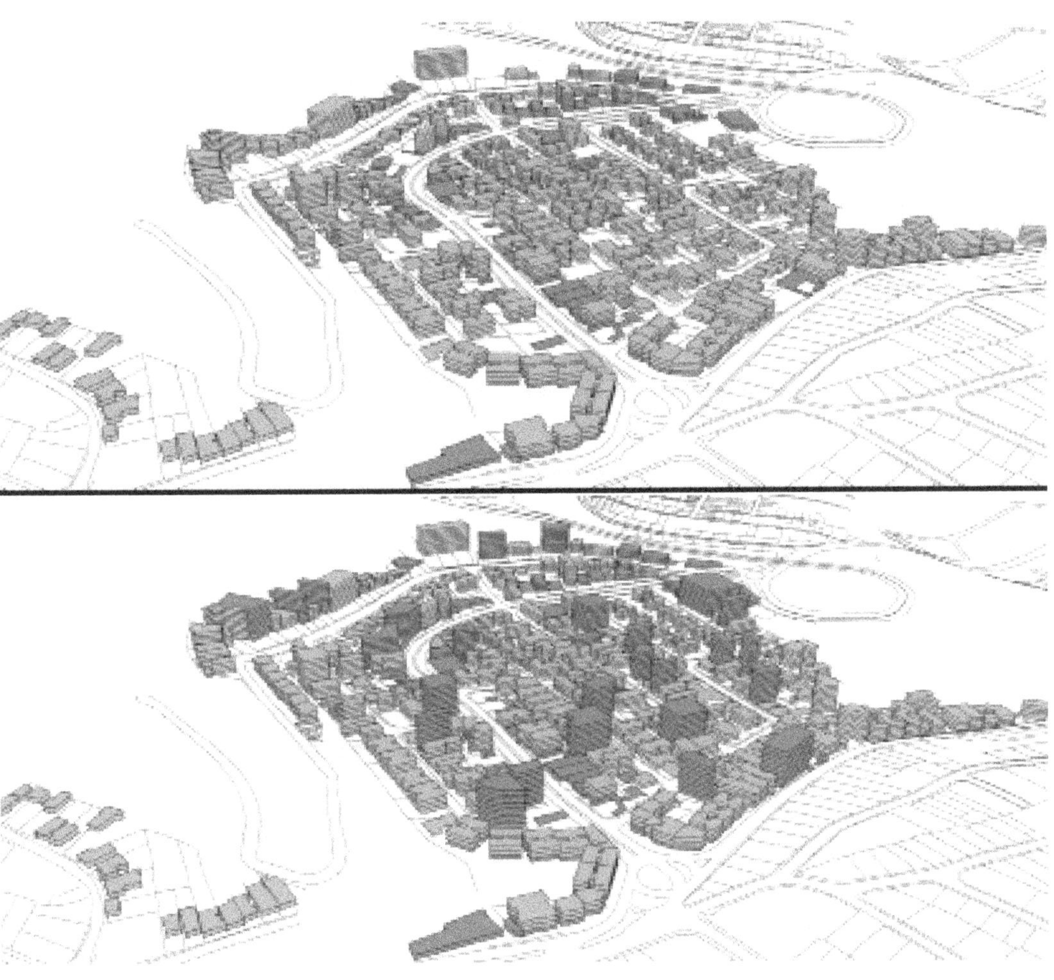

Figura 58. Distribuição de áreas residenciais e não residenciais, antes (acima) e depois (abaixo) do uso do CityMetrics. Fonte: O autor.

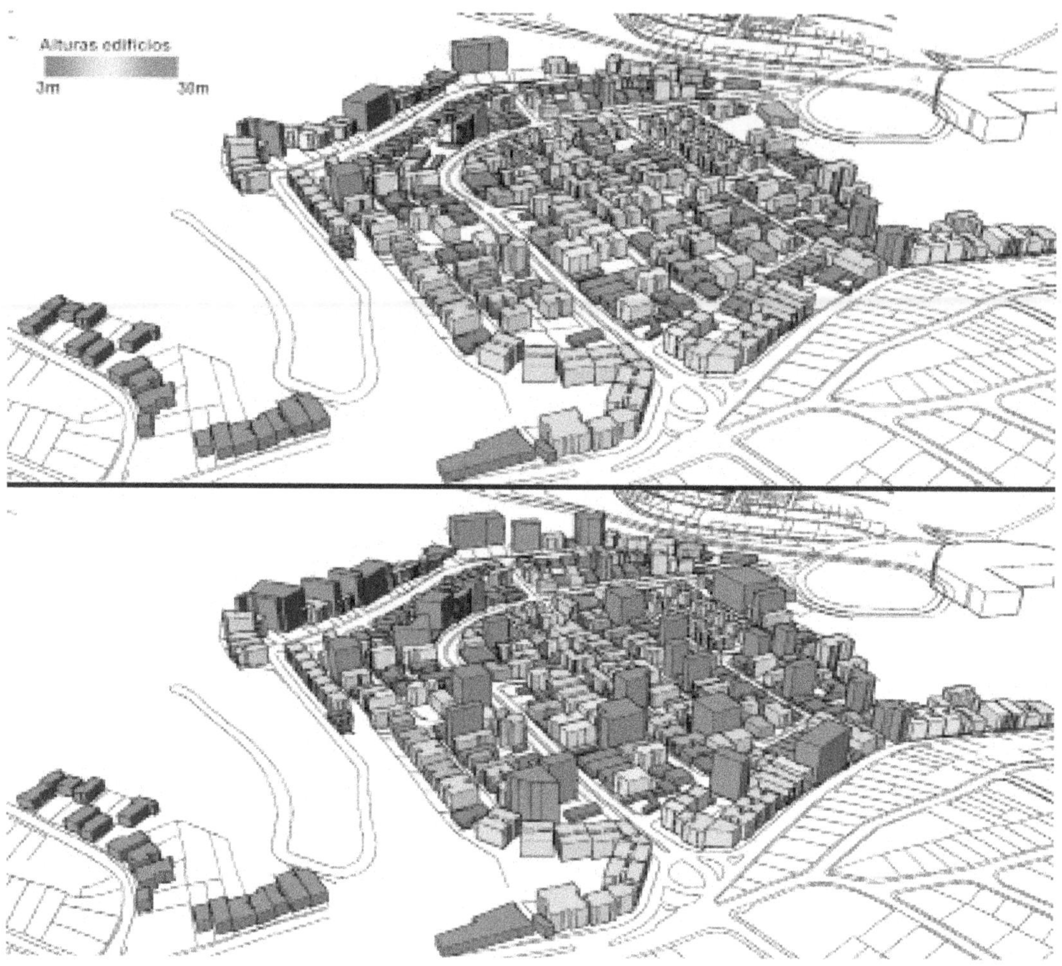

Figura 59. Alturas e densidades obtidas após o uso do CityMetrics para avaliação de cenários. Fonte: O autor.

A otimização multi-objetivo indicou um conjunto de soluções de Pareto para serem avaliadas. Optou-se por priorizar a que proporcionou o maior iPF global.

Resultados do Ensaio 3

O experimento referente ao Ensaio 3 sugeriu modificações na configuração do bairro, no sentido de promover melhor aproveitamento do solo, com o propósito de, em princípio, proporcionar melhor qualidade de vida, entre outros aspectos, de acordo com as métricas que fazem parte do modelo DOT.

Estes seriam os benefícios a serem conquistados, caso fossem adotadas as configurações sugeridas como produto das análises realizadas por meio do sistema *CityMetrics*:

a. A acessibilidade ao transporte seria melhorada em relação ao cenário real, sem estação: caso inserida no ponto recomendado pelo método de otimização multi-objetivo, a estação teria um elevado iPF médio (0,95);

b. A caminhabilidade seria favorecida: a adição de novos serviços, seguindo os resultados da otimização multi-objetivo elevaria todos os índices relacionados à caminhabilidade (iPFs, iVSs e iRSs), comprovando a eficácia de estratégia para todas as categorias analisadas, como mostram o Quadro 3 e a Figura 60;

c. Haveria maior diversidade de usos no bairro: se os novos edifícios e serviços pudessem ser implantados de acordo com as análises realizadas por meio do *CityMetrics*, nos terrenos disponíveis, o índice de uso misto (MXI) seria mais equilibrado, e;

d. A densidade habitacional global estaria mais adequada, de acordo com as métricas estipuladas pelo modelo DOT: existiria um mecanismo de regulação urbana que poderia utilizar os resultados obtidos por meio do *CityMetrics* para controlar a densidade de acordo com a distância entre as quadras e edificações e a estação. Esta estratégia induz à otimização da ocupação do solo sem ultrapassar limites relacionados à sustentabilidade, permitindo acomodar uma grande quantidade de pessoas, habitando ou trabalhando, próximas ao nó de transporte, sem haver prejuízo da qualidade de vida.

O Quadro 3 apresenta um resumo dos resultados obtidos para o experimento referente ao Ensaio 3. Os dados obtidos após o uso do *CityMetrics* estão sublinhados.

Quadro 3. Dados e resultados referentes ao Ensaio 3.

Informações Gerais (antes/depois)		
Área total do bairro	42,48 ha	42,48 ha
Número total de quadras	17	17
Número total de lotes	426	426
Número total de edifícios	397	423

Acessibilidade ao Transporte		
Distâncias entre os lotes e a estação		
Menor	**Média**	**Maior**
10m	343m	1009m
Índices de Proximidade Física (iPF) p/ estação		
Menor	**Média**	**Maior**
0,44	0,95	1

Caminhabilidade (antes/depois)						
Índices de Proximidade Física (iPF) p/ serviços (Parciais)						
Categoria	**Menor**		**Média**		**Maior**	
Educacional	0,73	0,77	0,97	0,99	1	1
Alimentação	0,68	0,69	0,98	0,99	1	1
Comércio	0,62	0,62	0,98	0,99	1	1
Entretenimento	0	0,48	0,53	0,95	0,96	1
Recreação	0,59	0,82	0,89	0,99	1	1
Saúde	0	0,53	0,80	0,97	1	1
Outros	0,56	0,56	0,97	0,98	1	1

Índices de Proximidade Física (iPF) p/ serviços (Globais)					
Menor		**Média**		**Maior**	
0,54	0,68	0,88	0,98	0,99	1

Índices de Variedade de Serviços (iVS) (Parciais)						
Categoria	**Menor**		**Média**		**Maior**	
Educacional	0,36	0,41	0,59	0,74	0,76	0,82
Alimentação	0,39	0,39	0,88	0,89	0,97	0,97
Comércio	0,44	0,44	0,92	0,92	0,99	0,99
Entretenimento	0	0,41	0,53	0,76	0,96	0,90
Recreação	0,36	0,53	0,64	0,74	0,94	0,94
Saúde	0	0,32	0,42	0,69	0,79	0,81
Outros	0,26	0,29	0,91	0,91	1	1

Índices de Variedade de Serviços (iVS) (Globais)					
Menor		**Média**		**Maior**	
0,36	0,44	0,70	0,81	0,79	0,87

Índices de Recorrência de Serviços (iRS) (Parciais)						
Categoria	**Menor**		**Média**		**Maior**	
Educacional	0,017	**0,019**	0,023	**0,026**	0,024	**0,026**
Alimentação	0,059	**0,061**	0,061	**0,064**	0,061	**0,064**
Comércio	0,043	**0,045**	0,043	**0,045**	0,043	**0,045**
Entretenimento	0,000	**0,002**	0,002	**0,005**	0,002	**0,005**
Recreação	0,007	**0,012**	0,012	**0,014**	0,012	**0,014**
Saúde	0,000	**0,007**	0,013	**0,016**	0,014	**0,017**
Outros	0,024	**0,026**	0,024	**0,026**	0,024	**0,026**

Índices de Recorrência de Serviços (iRS) (Globais)					
Menor		**Média**		**Maior**	
0,021	**0,025**	0,025	**0,028**	0,026	**0,028**

Diversidade e Densidade (antes/depois)				
Uso Misto (MXI)	**Residencial**		Ñ-Residencial.	
	0,84	**0,61**	0,16	**0,39**

Spacematrix					
FSI		GSI		N	
0,77	**1,06**	0,23	**0,26**	0,21	0,21

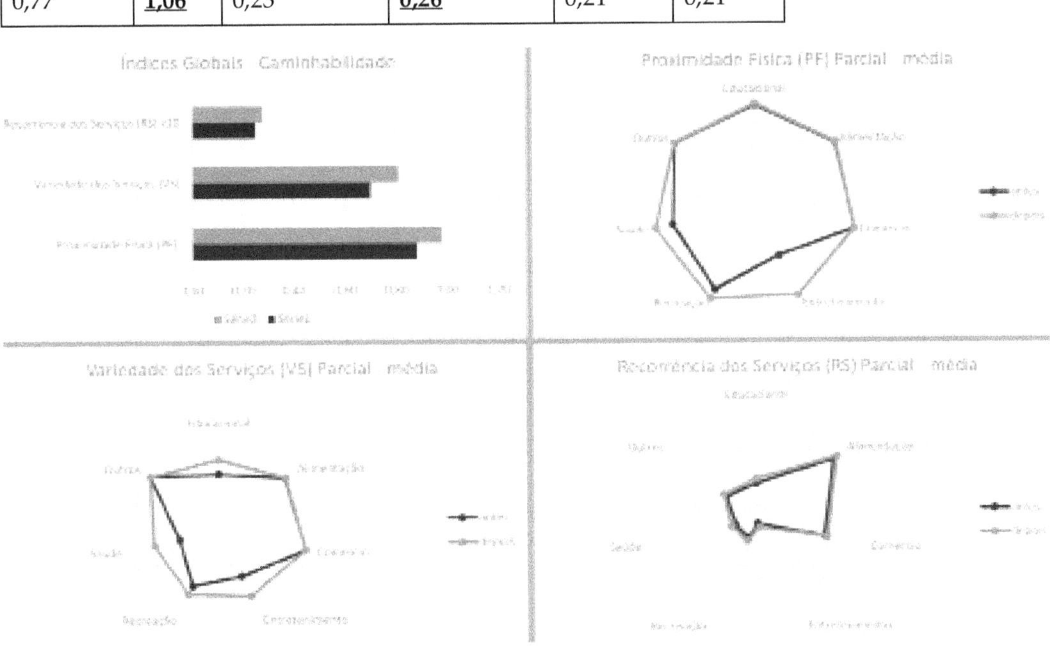

Figura 60. Gráficos ilustrando diferentes índices relacionados à caminhabilidade antes (em preto) e depois (em vermelho) do experimento. Fonte: O autor.

6.4 Ensaio 4 – métricas físicas e topológicas em área existente

No Ensaio 4 foi avaliada a utilização simultânea de índices referentes a métricas físicas e topológicas. Foi adotada a mesma unidade de vizinhança do Ensaio 3 para o desenvolvimento dos experimentos.

A Figura 61 apresenta a sequência de etapas do experimento. As ferramentas introduzidas neste experimento induziram à realização de arranjo diferente das etapas, com relação ao Ensaio 3. A Figura 62 apresenta o delineamento do experimento referente ao Ensaio 4.

A partir de então, foram realizadas as operações de simulação e otimização multi-objetivo, com o objetivo de encontrar um cenário que apresentaria melhores números para os indicadores de acessibilidade ao transporte, caminhabilidade e diversidade, considerando-se, também, as métricas topológicas.

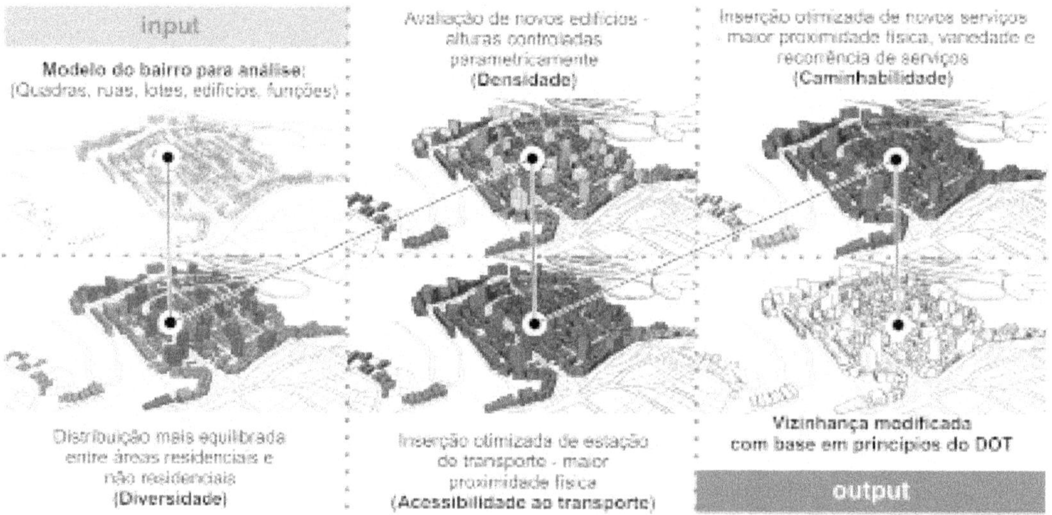

Figura 61. Sequência de etapas do experimento referente ao Ensaio 4. Fonte: O autor.

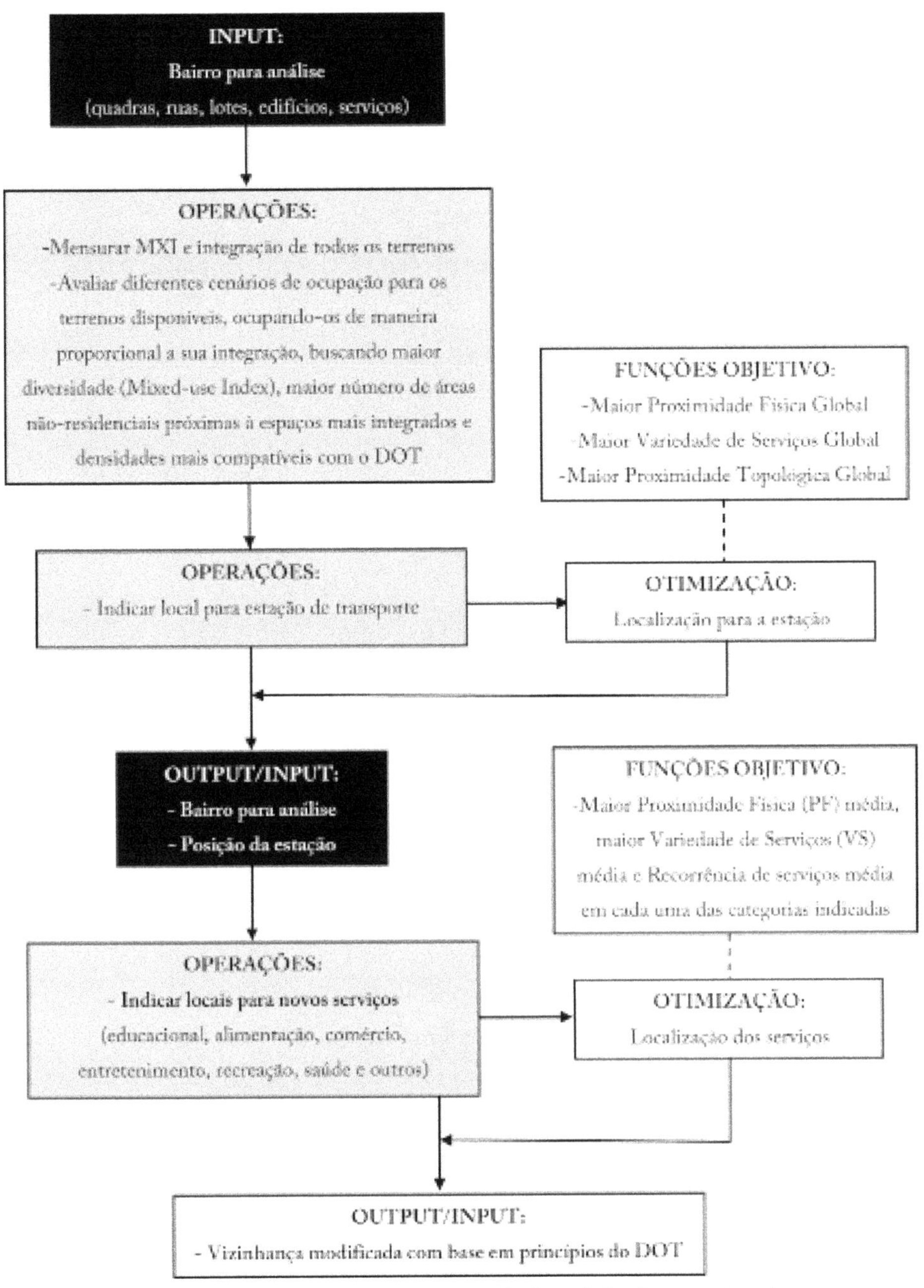

Figura 62. Descrição do experimento referente ao Ensaio 4. Fonte: O autor.

A Figura 63 apresenta como se deu a distribuição entre áreas residenciais, em verde, e não residenciais, em magenta, antes (acima) e após (abaixo) do uso das ferramentas do *CityMetrics*, para avaliação dos cenários e sugestão de modificações.

Para que este objetivo fosse concretizado, estas ações foram executadas, sequencialmente:

a. Foram avaliadas diferentes estratégias de ocupação para terrenos disponíveis, considerando o índice de uso misto (MXI) e os indicadores *Spacematrix* para ajudar na análise dos impactos das soluções propostas. Nesta prova de conceito, o Algoritmo de Proximidade Topológica (APT) foi utilizado para

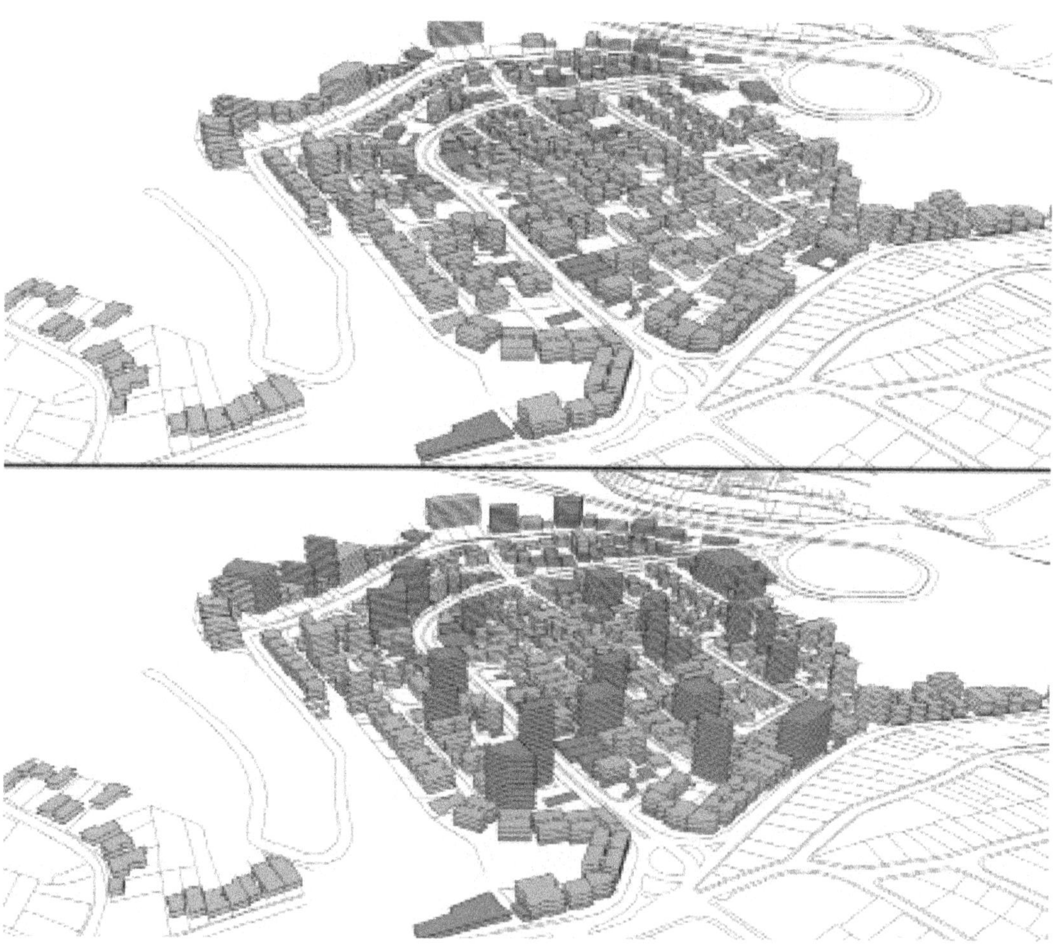

Figura 63. Distribuição de áreas residenciais e não residenciais, antes (acima) e depois (abaixo) do uso do CityMetrics. Fonte: O autor.

calcular a integração de cada um dos lotes disponíveis, o que permitiu avaliar e propor cenários que partissem da premissa de indicar maiores ocupações para terrenos com maior integração. Desta forma, foi possível obter um índice de Uso Misto (MXI) equilibrado, o que sugere a proposição de um bairro com maior diversidade;

b. A Figura 64 apresenta o resultado do estudo de alturas e de densidades após o uso do *CityMetrics* para avaliação de cenários. As ocupações propostas para o bairro proporcionam indicadores de densidade mais elevados e mais compatíveis com a lógica do DOT

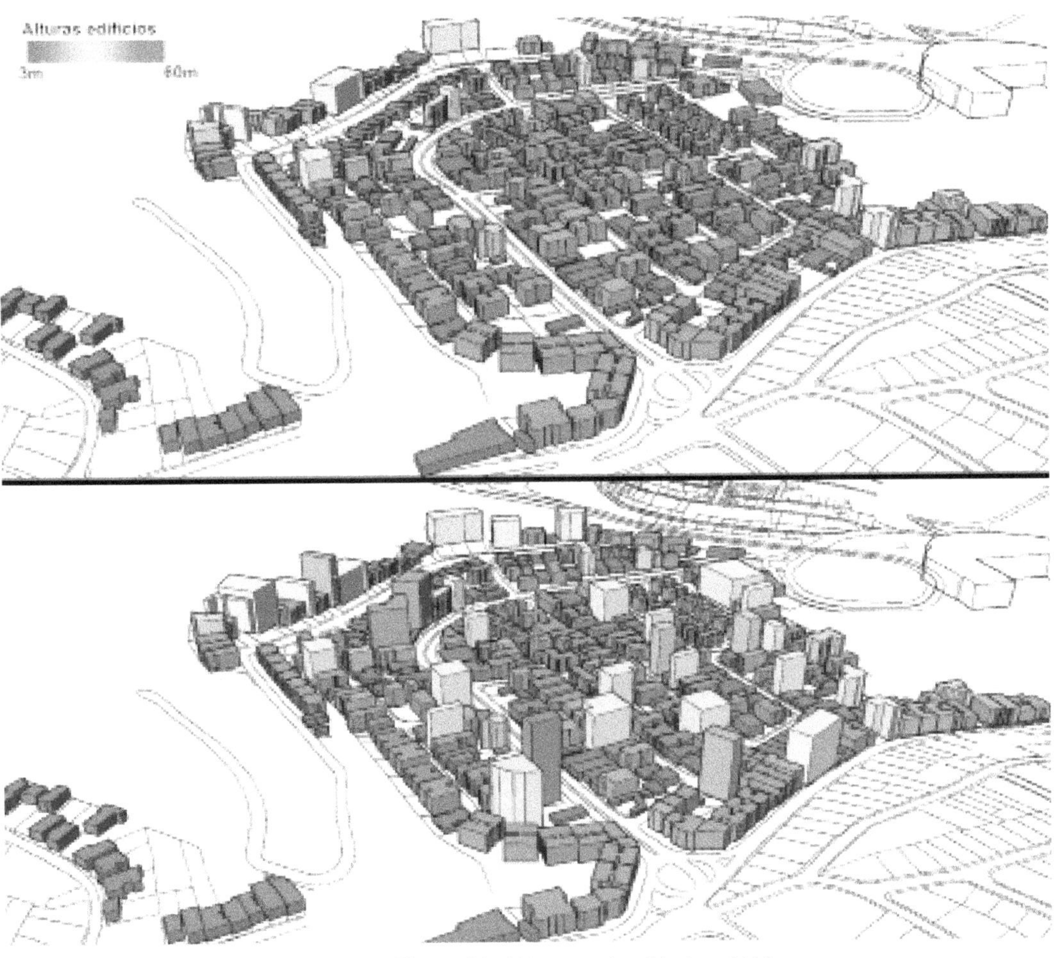

Figura 64. Alturas e densidades obtidas após o uso do CityMetrics para avaliação de cenários. Fonte: O autor.

c. Foi procurada a melhor localização para a inserção de uma estação, indicada por meio do processo de otimização. A Figura 65 apresenta a relação de Proximidade Física entre os edifícios do bairro e a estação, em azul.

d. Em cada um dos lotes, foram inseridos valores que representam a área total neles construída. Desta forma, foram criados pesos diferentes para que o cálculo fosse realizado pelo critério de média ponderada. Ao inserir os pesos para os lotes, existe uma melhora na qualidade da resposta produzida pelos algoritmos com relação a este critério. O propósito foi priorizar a identificação de locais com potencial para abrigar mais pessoas, habitando ou trabalhando, e;

e. Foi proposto um novo serviço para cada categoria, buscando aumentar os seguintes índices relacionados à caminhabilidade: iPFs, iVSs, iRSs e iPT. A Figura 66 apresenta a interface do processo de otimização que indica o posicionamento dos novos serviços. Observa-se a presença de eixos que representam as diferentes funções-objetivo; os pontos que indicam as soluções de Pareto. Em amarelo, a solução adotada para desenvolvimento.

f. O processo de otimização multi-objetivo indicou um conjunto de soluções de Pareto para serem avaliadas. Optou-se por priorizar a que proporcionou maior iPT global. A Figura 67 apresenta a localização dos serviços existentes no bairro (acima) e a localização proposta para inserção de novos serviços (abaixo), depois da realização das tarefas de otimização. A Figura 68. apresenta a relação de Proximidade Física entre os edifícios e os serviços do bairro, antes (acima) e depois do processo de otimização (abaixo) para inserção de novos serviços em cada categoria.

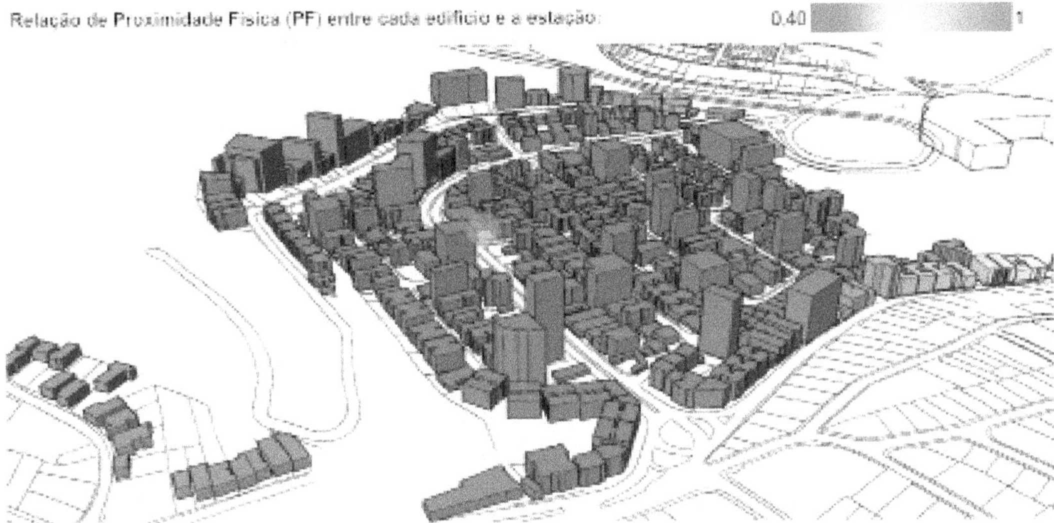

Figura 65. Relação de Proximidade Física entre os edifícios e os serviços do bairro, antes (acima) e depois (abaixo) de processo de otimização. Fonte: O autor.

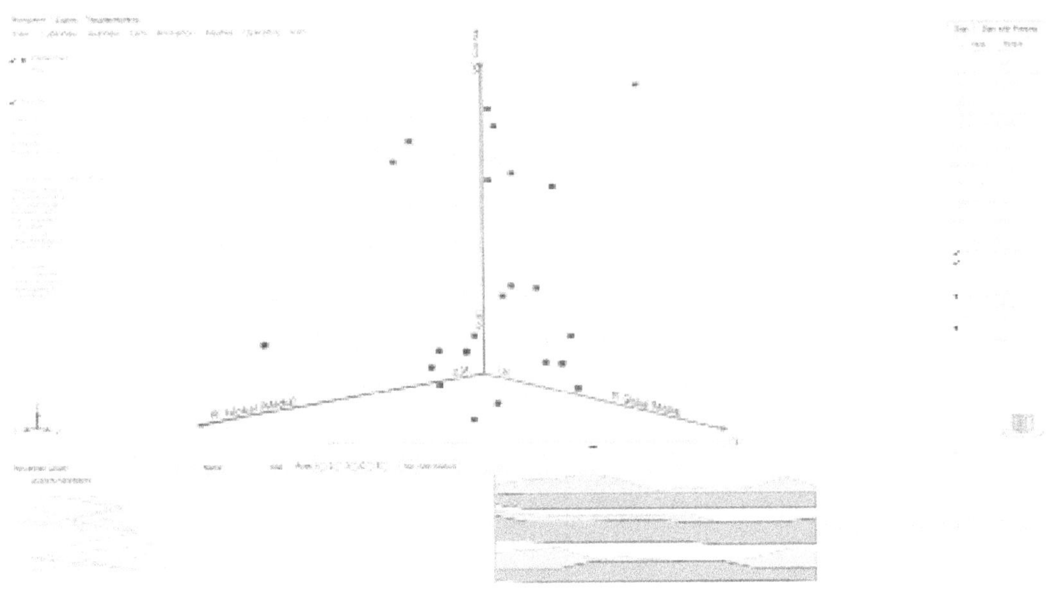

Figura 66. Interface do processo de otimização do posicionamento dos novos serviços. Fonte: O autor.

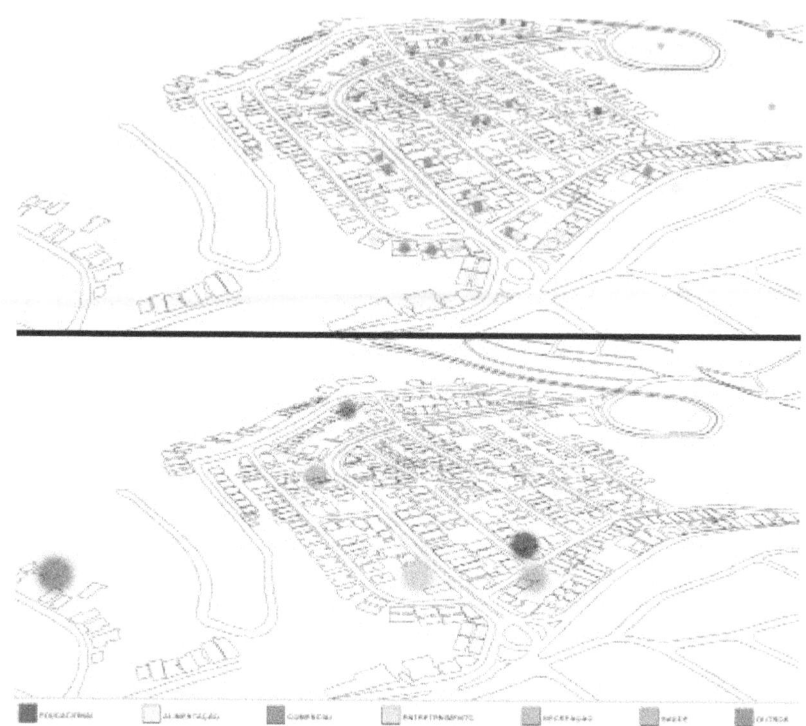

Figura 67. Localização dos serviços existentes (acima) e proposta para inserção de novos serviços (abaixo). Fonte: O autor.

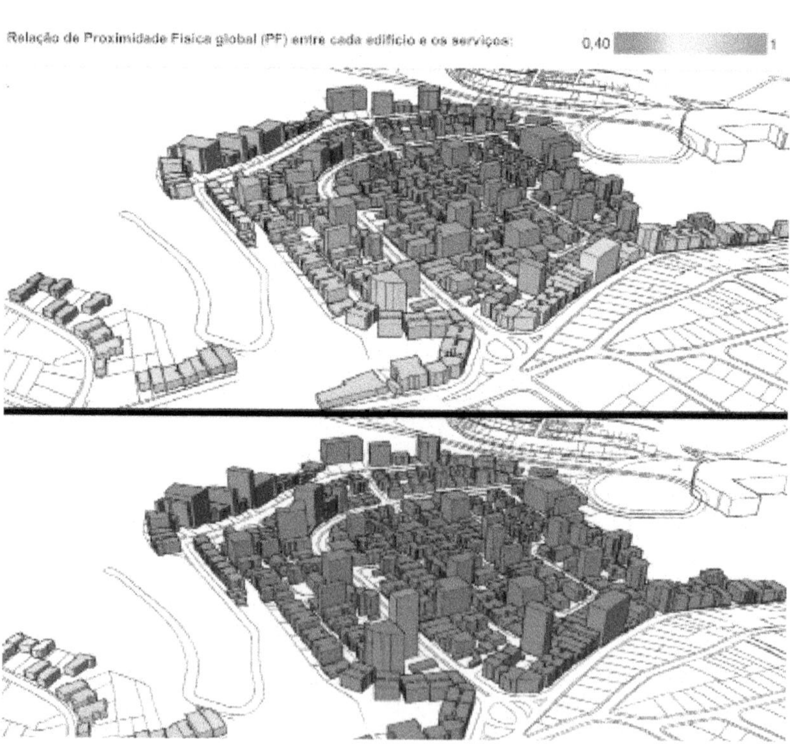

Figura 68. Relação de Proximidade Física entre os edifícios e os serviços do bairro, antes (acima) e depois (abaixo) de processo de otimização. Fonte: O autor.

Resultados do Ensaio 4

O experimento referente ao Ensaio 4 sugeriu modificações na configuração do bairro, no sentido de promover melhor aproveitamento do solo, melhor qualidade de vida, entre outros aspectos, de acordo com as premissas do modelo DOT.

Os benefícios a serem conquistados, caso fossem adotadas as configurações sugeridas, produto da análise realizada por meio do sistema *CityMetrics*, estão apresentados a seguir:

a. A acessibilidade ao transporte seria melhorada em relação ao cenário real, sem estação: caso inserida no ponto recomendado pelo método de otimização multi-objetivo, a estação teria um elevado iPF, calculado pela média ponderada (0,98);

b. A caminhabilidade seria favorecida: a adição de novos serviços, seguindo os resultados da otimização multi-objetivo, considerando métricas físicas e topológicas, elevaria todos os índices relacionados à caminhabilidade (iPFs, iVSs iRSs e iPT), comprovando a eficácia de estratégia para todas as categorias analisadas, como mostram o Quadro 4 e a Figura 69;

c. Haveria maior diversidade de usos no bairro: se os novos edifícios e serviços pudessem ser implantados de acordo com as análises realizadas por meio do *CityMetrics*, nos terrenos disponíveis, o índice de uso misto (MXI) seria mais equilibrado, e;

d. A densidade habitacional global estaria mais adequada, de acordo com as métricas estipuladas pelo modelo DOT: existiria um mecanismo de regulação urbana que poderia utilizar os resultados obtidos por meio do *CityMetrics* para controlar a densidade de acordo com a distância entre as quadras e edificações e a estação. Esta estratégia induz à otimização da ocupação do solo sem ultrapassar limites relacionados à sustentabilidade, permitindo acomodar uma grande quantidade de pessoas, habitando ou trabalhando, próximas a nó de transporte, sem haver prejuízo da qualidade de vida.

O Quadro 4 apresenta um resumo dos resultados obtidos para o experimento referente ao Ensaio 4. Os dados obtidos após o uso do *CityMetrics* estão sublinhados.

Quadro 4. Dados e resultados referentes ao Ensaio 4.

Informações Gerais (antes/depois)		
Área total do bairro	42,48 ha	**42,48 ha**
Número total de quadras	17	**17**
Número total de lotes	426	**426**
Número total de edifícios	397	**423**

Acessibilidade ao Transporte

Distâncias entre os lotes e a estação			
Menor	**Média**	**Média Ponderada**	**Maior**
20m	**335m**	**302m**	**1053m**

Índices de Proximidade Física (IPF) p/ estação			
Menor	**Média**	**Média Ponderada**	**Maior**
0,40	**0,95**	**0,98**	**1**

Caminhabilidade (antes/depois)

Índices de Proximidade Física (IPF) p/ serviços (Parciais)						
Categoria	**Menor**		**Média**		**Maior**	
Educacional	0,73	**0,74**	0,97	**0,99**	1	**1**
Alimentação	0,68	**0,68**	0,98	**0,99**	1	**1**
Comércio	0,62	**0,60**	0,98	**0,98**	1	**1**
Entretenimento	0	**0,42**	0,53	**0,94**	0,96	**1**
Recreação	0,59	**0,75**	0,89	**0,98**	1	**1**
Saúde	0	**0,58**	0,80	**0,96**	1	**1**
Outros	0,56	**0,58**	0,97	**0,99**	1	**1**

Índices de Proximidade Física (IPF) p/ serviços (Globais)					
Menor		**Média**		**Maior**	
0,54	**0,72**	0,88	**0,98**	0,99	**1**

Índices de Variedade de Serviços (IVS) (Parciais)						
Categoria	**Menor**		**Média**		**Maior**	
Educacional	0,36	**0,43**	0,59	**0,73**	0,76	**0,82**
Alimentação	0,39	**0,39**	0,88	**0,88**	0,97	**0,97**
Comércio	0,44	**0,44**	0,92	**0,91**	0,99	**0,99**
Entretenimento	0	**0,40**	0,53	**0,76**	0,96	**0,96**
Recreação	0,36	**0,56**	0,64	**0,73**	0,94	**0,94**
Saúde	0	**0,30**	0,42	**0,69**	0,79	**0,81**
Outros	0,26	**0,28**	0,91	**0,82**	1	**1**

Índices de Variedade de Serviços (IVS) (Globais)					
Menor		**Média**		**Maior**	
0,36	**0,46**	0,70	**0,79**	0,79	**0,86**

Índices de Recorrência de Serviços (IRS) (Parciais)						
Categoria	**Menor**		**Média**		**Maior**	
Educacional	0,017	**0,019**	0,023	**0,026**	0,024	**0,026**
Alimentação	0,059	**0,061**	0,061	**0,064**	0,061	**0,064**
Comércio	0,043	**0,045**	0,043	**0,045**	0,043	**0,045**
Entretenimento	0,000	**0,002**	0,002	**0,005**	0,002	**0,005**
Recreação	0,007	**0,012**	0,012	**0,014**	0,012	**0,014**
Saúde	0,000	**0,007**	0,013	**0,016**	0,014	**0,017**
Outros	0,024	**0,026**	0,024	**0,026**	0,024	**0,026**

Índices de Recorrência de Serviços (IRS) (Globais)					
Menor		**Média**		**Maior**	
0,021	**0,025**	0,025	**0,028**	0,026	**0,028**

Índices de Proximidade Topológica - Serviços (IPT) (Parciais)						
Categoria	**Menor**		**Média**		**Maior**	
Educacional	0	0	1,57	**1,43**	5	5
Alimentação	0	0	1,41	**1,08**	7	5
Comércio	0	0	1,68	**1,35**	7	5
Entretenimento	0	0	5,49	**2,35**	10	7
Recreação	0	0	2,51	**1,97**	8	7
Saúde	0	0	1,84	**1,51**	6	6
Outros	0	0	1,70	**1,41**	6	6

Índices de Proximidade Topológica - Serviços (IPT) (Globais)					
Menor		**Média**		**Maior**	
0,57	**0,29**	2,31	**1,59**	7	**5,89**

Diversidade e Densidade (antes/depois)				
Uso Misto (MXI)	**Residencial**		Ñ-Residencial.	
	0,84	**0,58**	0,16	**0,42**

Spacematrix					
FSI		GSI		N	
0,77	**1,12**	0,23	**0,26**	0,21	0,21

A Figura 69 exibe gráficos que ilustram os diferentes índices relacionados à caminhabilidade antes e depois o experimento. Observa-se que os índices de Proximidade Topológica indicam melhor desempenho na medida em que seus valores, em números absolutos, diminuem, ao contrário do que ocorre com os índices relacionados à Proximidade Física.

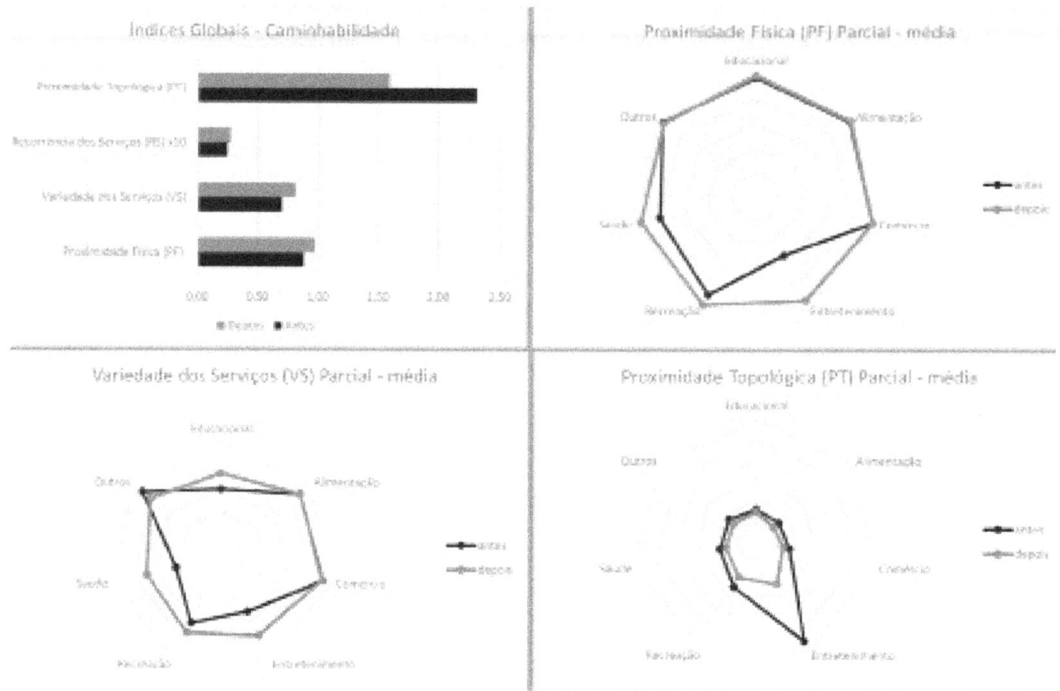

Figura 69. Gráficos ilustrando diferentes índices relacionados à caminhabilidade antes e depois do experimento. Fonte: O autor.

6.5 Análise comparativa dos ensaios

Esta seção reúne discussões, comentários e comparações sobre os ensaios, realizadas com o objetivo de procurar uma maior compreensão acerca da utilização do *CityMetrics* em diferentes níveis. As análises estão apresentadas de acordo com a sequência em que os experimentos foram elaborados e descritos:

a. Ensaio 1 (***otimizações com apenas uma função objetivo***) X Ensaio 2 (***otimizações multi-objetivo***);

b. Ensaio 2 (***implementação em área abstrata***) X Ensaio 3 (***implementação em área existente e consolidada***), e;

c. Ensaio 3 (***métricas físicas***) X Ensaio 4 (***métricas físicas e topológicas***).

Ensaio 1 x Ensaio 2

Os Ensaios 1 e 2 correspondem à aplicação do sistema *CityMetrics* de maneira muito semelhante, uma vez que utilizaram a mesma amostra (área abstrata para desenvolvimento dos estudos), estrutura e ordem de procedimentos.

O método de otimização empregado foi a diferença fundamental entre estas abordagens: enquanto o Ensaio 1 aplicou recursos de otimização considerando uma função-objetivo, o Ensaio 2 utilizou otimização multi-objetivo para a indicação das soluções. Esta diferença permitiu que fossem realizadas comparações entre o desempenho proporcionado pela utilização de cada um dos processos, suas potencialidades e fragilidades.

a. No Ensaio 1, o processo de otimização foi direcionado a priorizar um único aspecto. Com relação ao processo de otimização da localização dos novos serviços, foi preciso realizar procedimento para cada categoria, em separado, o que implicou:

b. Na realização de mais etapas de otimização, dispendendo mais tempo para construir algoritmos, e

Na necessidade de se construir relações de hierarquia entre as categorias, pois as que seriam otimizadas primeiro teriam prioridade, em possibilidades de solução, do que as últimas. Dependendo da ordem escolhida para as categorias, os resultados poderiam variar, alterando o conjunto de soluções viáveis a serem considerados em cada etapa.

No Ensaio 2, foi utilizado o processo de otimização multi-objetivo. Esta abordagem provocou uma grande mudança no modo como os procedimentos de otimização foram organizados e, principalmente, na forma como as soluções foram obtidas.

Desta forma, ao verificar qual configuração de ruas, quadras e lotes forneceria a maior proximidade física para a estação e os serviços, como no Ensaio 1, também foi levado em consideração que arranjo forneceria o menor número de lotes e quadras com uma maior cobertura, de acordo com *Ground Space Index* - GSI. O objetivo foi buscar uma solução urbana que pudesse apresentar índices equilibrados para acessibilidade ao transporte, caminhabilidade sem prejuízo do aproveitamento da infraestrutura.

Portanto, no Ensaio 2, pretendeu-se atender concomitantemente a mais de um índice, estabelecendo *trade-offs* para os diferentes objetivos. Um conjunto de soluções de Pareto foi considerado para avaliação e, entre as opções, tidas como igualmente apropriadas, foi preciso utilizar critérios subjetivos para definir quais tipos de soluções seriam priorizadas. Ou seja, adotar a otimização multi-objetivo implicou na:

a. Realização de um processo com menos etapas de otimização, dispendendo menos tempo na construção de algoritmos. No entanto, foi constatado que o processamento dos cálculos, mais complexos, levou mais tempo, e;

b. Ampliação do universo de possibilidades de solução, o que é fundamental para o desenvolvimento de análises e tomadas de decisão a partir de informações e dados mais estruturados, de maneira a melhorar a qualidade das proposições a serem realizadas para a comunidade.

Com relação aos resultados numéricos, é possível sintetizar a comparação entre os experimentos referentes aos Ensaios 1 e 2 da seguinte maneira:

a. Os índices de proximidade física (iPFs) para a estação e serviços do Ensaio 1 são iguais ou ligeiramente melhores do que os do Ensaio 2;

b. O Ensaio 2, por sua vez, apresenta uma configuração com número menor de lotes e quadras, fornecendo maior área total livre, o que implica em um maior potencial construtivo e um melhor aproveitamento de infraestrutura, sem comprometer os índices de acessibilidade ao transporte e caminhabilidade. A solução do Ensaio 2 também apresenta maior cobertura (GSI) e intensidade (FSI).

A Figura 70 apresenta gráficos que permitem a comparação entre os resultados do Ensaio 1, em preto, e do Ensaio 2, em vermelho.

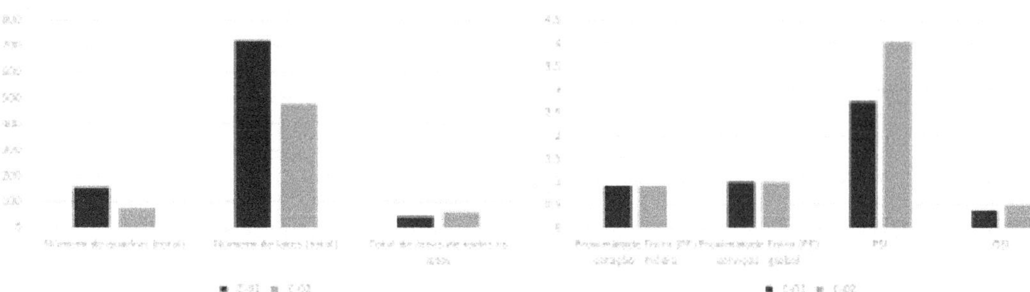

Figura 70. Comparação entre os resultados do Ensaio 1 e o 2. Fonte: O autor.

Ensaio 2 x Ensaio 3

A comparação entre os Ensaios 2 e 3 teve o objetivo de apontar algumas das potencialidades e fragilidades da aplicação do *CityMetrics* em um contexto mais restritivo, por meio da comparação a assimetria entre as áreas abstratas e uma área ocupada.

O Ensaio 2 apresentou um cenário com poucas restrições – não existiam ruas, quadras, lotes, edificações ou qualquer tipo de predefinições ou condicionantes a serem consideradas, com a exceção dos limites da área para desenvolvimento. Assim, os índices do *CityMetrics* foram calculados a partir de componentes urbanos (ruas, quadras, lotes e edifícios) modelados e posicionados de acordo com regras computacionais de otimização. Portanto, seria natural que o bairro apresentasse altos índices de proximidade física (iPFs) e fosse estruturado pela avaliação dos índices de uso misto (MXI) e dos indicadores de *Spacematrix*.

O Ensaio 3 apresenta um contexto bem mais restritivo, pois a amostra selecionada para implementação do sistema foi um bairro existente e consolidado, com ruas, quadras, lotes e edificações. Sendo assim, o *CityMetrics* foi empregado para encontrar os índices de desempenho que refletem as configurações urbanas existentes. Desta forma, os índices foram utilizados avaliar a qualidade do ambiente urbano, e tarefas de otimização foram utilizadas para propor modificações (inserção de estação, novos serviços e diferentes configurações para edifícios em lotes vagos) com o propósito de melhorar a acessibilidade ao transporte, caminhabilidade, diversidade de usos e otimizar o aproveitamento do solo sem prejuízo da qualidade vida, por meio da análise de índices de densidade por localização.

No Ensaio 3, foram utilizados dois índices a mais do que no Ensaio 2 para a avaliação e otimização das configurações urbanas: o índice de variedade de serviços (iVS) e o índice de recorrência de serviços - iRS. Neste ensaio, foi possível avaliar a utilização do *CityMetrics* em trechos com topografia acidentada, considerando aclives e declives nos cálculos de iPFs, iVSs e iRSs.

Os dois ensaios apresentaram, como resultado, informações que foram utilizadas para propor soluções de elevado desempenho para as respectivas áreas de análise, sob o ponto de vista dos índices obtidos. O Ensaio 2 resultou na proposição de um desenho urbano para a área, amplamente orientado pelos índices e ferramentas do *CityMetrics*. O Ensaio 3 refletiu como o uso do *CityMetrics* pode ser importante como indutor de uma série de modificações que podem melhorar significativamente o desempenho da área avaliada.

A Figura 71 apresenta gráficos que permitem a comparações entre os resultados obtidos no Ensaio 2, em preto, e o Ensaio 3, em vermelho. Percebeu-se que foram obtidos elevados índices de Proximidade Física, relacionados à acessibilidade ao transporte e à caminhabilidade, nas duas situações.

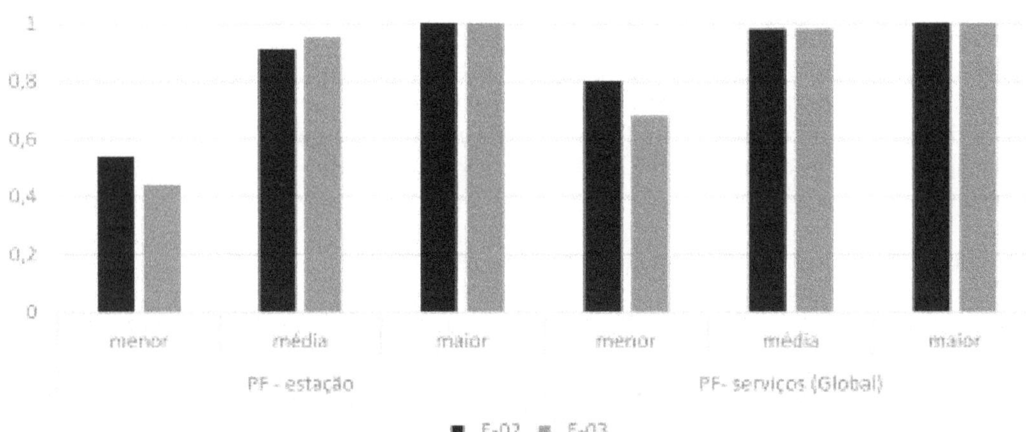

Figura 71. Comparação entre os resultados do Ensaio 2 e o 3. Fonte: O autor.

Ensaio 3 x Ensaio 4

Os Ensaios 3 e 4 permitem comparar diferentes usos do *CityMetrics* em uma mesma área urbana existente. O Ensaio 3 considerou apenas métricas físicas e, no Ensaio 4, foram empregadas métricas físicas e topológicas para análise e otimização de configurações urbanas.

No Ensaio 3, percebeu-se as seguintes características:

a. a regulação paramétrica dos edifícios para os lotes vagos se deu em uma relação direta e uniforme – todos os edifícios propostos possuíam o mesmo número de andares;

b. as soluções obtidas se basearam em índices relacionados à métrica física, como o iPF, iVS e iRS, para o posicionamento da estação e dos novos serviços, e;

c. as funções-objetivo adotadas se referiram às médias simples dos índices de todos os terrenos, o que não permite considerar diferentes pesos para lotes de acordo com suas características.

No Ensaio 4, os seguintes aspectos podem ser destacados:

a. houve a introdução do Algoritmo de Proximidade Topológica (APT), que calculou a integração de cada lote disponível. O uso deste algoritmo forneceu dados para que fossem estabelecidas alturas diferentes para os edifícios propostos. Desta forma, foi possível aumentar a ocupação em áreas com integração potencialmente mais alta – ou seja, maior ocupação em áreas de maior recorrência de pedestres;

b. foram procuradas soluções que estabelecessem *trade-offs* entre métricas físicas e topológicas. Para tanto, diferentes índices (iPF, iVS, iRS e iPT etc.) e critérios foram considerados para o posicionamento da estação e dos novos serviços. As funções-objetivo adotadas se referiram às médias ponderadas dos índices de todos os terrenos, o que permitiu considerar diferentes pesos para cada lote, de acordo com sua área total construída – priorizando o posicionamento da estação e dos serviços em áreas com maior potencial para abrigar uma grande quantidade de pessoas, residindo ou trabalhando, sem prejuízo de questões relacionadas à sustentabilidade e mantendo a qualidade de vida e dos espaços urbanos.

A comparação entre os resultados obtidos nos Ensaios 3 e 4 pode ser sintetizada nos itens a seguir:

a. o Ensaio 3 apresenta iPFs para a estação e serviços iguais ou ligeiramente melhores do que os do Ensaio 4;

b. o Ensaio 4 apresenta uma configuração que contempla também aspectos relacionados à métrica topológica, o que se reflete em melhores iPTs do que no Ensaio 3. Os iPFs e iVSs apresentaram resultaram resultados similares entre os dois ensaios. A utilização da média ponderada no cálculo dos índices pode melhorar a qualidade da informação utilizada na proposição de soluções direcionadas às áreas com maior ocupação e integração.

A Figura 72 ilustra as comparações entre os resultados obtidos no Ensaio 3, em preto, e no Ensaio 4, em vermelho. Observou-se que foram obtidos elevados índices de Proximidade Física, relacionados à acessibilidade ao transporte e à caminhabilidade, nas duas situações. Foram observados índices de Proximidade Topológica significativamente melhores (mais baixos) no Ensaio 4.

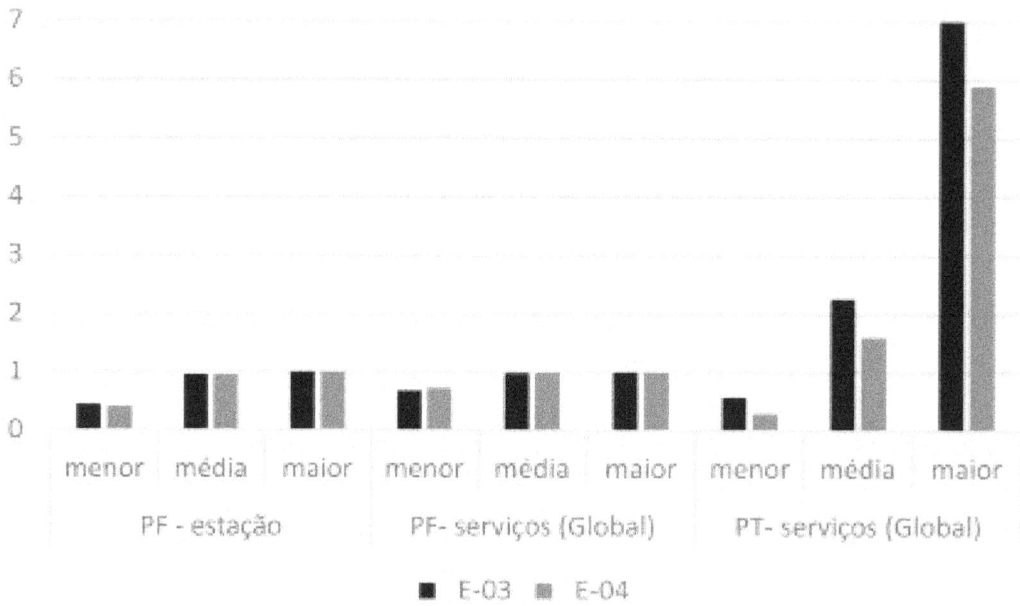

Figura 72. Comparação entre os resultados do Ensaio 3 e o 4. Fonte: O autor.

6.6 Reflexões sobre os ensaios e as comparações

Este capítulo descreveu os ensaios realizados para avaliar o desempenho do *CityMetrics*, e as análises comparativas que se seguiram. A sequência de ensaios foi sistematizada de tal forma que o número de variáveis e a complexidade fosse crescente. Portanto, o Ensaio 1 foi realizado com um menor número de restrições, e os testes foram evoluindo, até a realização do Ensaio 4, em que foi utilizada uma área urbana existente e consolidada, com várias condicionantes pré-estabelecidas.

Foi constatado que o *CityMetrics* respondeu de maneira adequada às demandas estabelecidas pelos diferentes cenários. É importante destacar os ensaios realizados com o *CityMetrics* indicam que o sistema desenvolvido pode ser utilizado como auxiliar em abordagens que utilizem outras métricas, diferentes das estabelecidas para estes testes.

7
Conclusão

*"I don't believe that everybody needs to be a programmer,
or everybody needs to be an engineer, but I think
people should have enough of an understanding of how
software operates that they can get outside of the
constraints imposed by software written for them"*
Casey Reas.

7.1 Conclusão e contribuições

Este livro apresentou uma proposta de associação entre métricas de avaliação de desempenho e recursos algorítmico-paramétricos no suporte à tomada de decisão em processos de projeto urbano, por meio da desenvolvimento do *CityMetrics* – sistema para análise e otimização de performance de configurações urbanas.

O *CityMetrics* é um sistema estruturado por três estratégias computacionais. Suas ferramentas foram desenvolvidas em um editor algorítmico de linguagem de programação visual, compõem um sistema generativo e fazem uso de diferentes recursos de otimização matemática para produzir resultados. O conjunto de ferramentas do *CityMetrics* foi idealizado para dar suporte a tarefas de análise e projeto urbano.

O *CityMetrics* apresenta as seguintes funcionalidades:

a. cálculo de distâncias físicas e topológicas;

b. cálculo de índices referentes à variedade, à recorrência e à distribuição de serviços essenciais em uma área urbana;

c. cálculo de indicadores de diversidade e de densidade.

O *CityMetrics* foi desenvolvido para evoluir, recebendo novas estratégias, instrumentos e procedimentos que podem melhorar os processos de análise de projetos urbanos. O sistema possui potencial para apoiar projetos de outras naturezas e propósitos, e pode extrapolar o escopo do modelo DOT, adaptando ou incluindo outros atributos mensuráveis para análise e otimização de desempenho. Em um nível mais específico, o *CityMetrics* poderia ser aplicado a outras demandas de projeto urbano, não apresentadas neste livro, onde seriam as métricas abordadas nessa investigação. Em um nível mais geral, o *CityMetrics* poderia ser adaptado para abordar outros critérios de avaliação de desempenho objetivamente mensuráveis (e. g. térmico, acústico, aerodinâmico).

No futuro, a ferramenta poderá associar referências de cálculo relativas ao desempenho de configurações formais a recursos algorítmico-paramétricos, de maneira a dar visibilidade a elas em tempo real.

Acredita-se que o *CityMetrics* seja capaz de auxiliar os profissionais a utilizarem esta nova forma de projetar espaços urbanos. O sistema foi estruturado para simular parametricamente os componentes formais e espaciais constituintes de um bairro ou de uma cidade – o que significa que o *CityMetrics* permite estudar diversos problemas urbanos utilizando abordagens que podem ser avaliadas por métricas consagradas e transparentes. No escopo deste desenvolvimento, as métricas do modelo DOT foram utilizadas como referência.

O *CityMetrics* não é, portanto, um novo método de projeto urbano, e sim um sistema de ferramentas, construído a partir de métricas, que tem o propósito de fornecer informações para a análise e tomada de decisão pelos projetistas. Desta forma, apresenta-se adequado para ser incorporado aos processos convencionais de projeto, modificando-os e potencializando-os.

Os projetistas e os diversos atores envolvidos no processo podem utilizar as informações produzidas pelo *CityMetrics*, de natureza fundamentalmente objetiva, de maneira associada a aspectos subjetivos que são característicos desta atividade profissional.

Desta forma, poderia ser considerado como um agente importante relacionado à discussão de novas práticas e métodos de projeto e planejamento urbano no Brasil do início do século XXI.

7.2 Desdobramentos e trabalhos futuros

Considerando o exposto neste livro e, principalmente, a potencialidade de adaptação do sistema *CityMetrics* a abordagens que possam ser suportadas por meio da implementação computacional de atributos mensuráveis, vislumbram-se como desdobramentos ou trabalhos futuros:

a. Procurar por referências de cálculo adicionais para o desenvolvimento de novas métricas e ferramentas, ou aprimorar as existentes, como pesquisar estudos que estabeleçam relações mais consistentes para a penalização por inclinação nos percursos, utilizada nos algoritmos de proximidade física, variedade de serviços e de recorrência de serviços;

b. Desenvolver ferramentas para o *CityMetrics* com editores algorítmicos como o VB.NET ou C#.NET. Isto permitirá construí-los sob a forma de *add-ons* para o Grasshopper, o que pode aumentar sua disseminação e melhorar a performance dos algoritmos elaborados.

c. O uso das plataformas .NET, no futuro, também abre caminhos para a implementação do *CityMetrics* em outros softwares, sendo possível, portanto, alcançar usuários de Revit, por exemplo;

d. Podem ser realizados estudos para classificação dos objetos modelados por meio do *CityMetrics* de acordo com a estrutura da ISO 16739:2018, a norma que estrutura o IFC (*Industry Foundation Classes*). Tal integração poderia ser realizada por meio da integração com o plug-in *GeometryGym* (MIRTSCHIN, 2011). Desta forma, seria possível aproveitar os resultados do *CityMetrics* como balizas para processos de aprovação digital de projetos em prefeituras que, futuramente, podem ser exigir a entrega de modelos IFC para análise e validação das edificações;

e. Em um contexto mais amplo, pode-se ainda investigar a respeito da implementação do conceito do sistema proposto em conjunção com outras teorias, conceitos ou modelos de desenvolvimento urbano existentes que, assim como o DOT, também sejam suportados por princípios essencialmente mensuráveis;

f. Buscar meios de mensurar aspectos subjetivos, de maneira a poder incorporá-los diretamente ao sistema.

Posfácio

Gabriela Celani
Professora do curso de Arquitetura e Urbanismo da Unicamp

Até o final do século XX, arquitetos e urbanistas baseavam suas decisões em uma imagem do cidadão médio, para quem edifícios e cidades eram criados. As cidades eram formadas por sistemas hierárquicos de ruas e avenidas que ajudavam as pessoas a se orientarem, ao mesmo tempo em que definiam o uso, o valor da terra e o status de cada região. Avenidas mais largas acomodavam a maior parte do fluxo e, ao mesmo tempo, recebiam boa parte do comércio, enquanto as ruas calmas eram predominantemente residenciais.

Eis que, nos anos 1990, surge a *big data*; os computadores passam a ter um poder de processamento e volume de memória extremamente grandes, e torna-se possível obter, armazenar e analisar montanhas de dados. A partir daí não há mais desculpas para se fazer qualquer generalização com relação a projetos. Os arquitetos e urbanistas podem, agora, conhecer a cada um dos cidadãos; não apenas seu nome e endereço, mas também sua idade, hábitos, percursos diários, local de trabalho, doenças, ocorrências policiais etc., tudo geograficamente posicionado. Esta imensa quantidade de informações pode auxiliar arquitetos e urbanista a projetarem edifícios e cidades de maneira cada vez mais personalizada. Mais que isso, permite que os recursos naturais sejam utilizados de maneira mais eficiente e otimizada.

Neste novo cenário, o projetista precisa de novas ferramentas para analisar a grande quantidade de dados, simular e avaliar as diferentes possibilidades e interferências, levando em conta as particularidades do público envolvido. A única maneira de lidar com essa complexidade, de modo suficientemente flexível, é criando algoritmos paramétricos, que podem ser utilizados para realizar conexões com bancos de dados, aplicar fórmulas e alterar as variáveis à medida que o projeto evolui, levando em consideração inúmeros parâmetros.

Por meio da proposição do sistema *CityMetrics*, Fernando Lima apresenta este novo método de trabalho, adequado às demandas do urbanista contemporâneo que, para lidar com a enorme quantidade de informações à disposição, e que podem ser utilizadas no desenvolvimento de um projeto com mais qualidade, precisa saber criar algoritmos, interpretando os dados para alimentar seus modelos descritivos e generativos.

Lima é um urbanista do século XXI, que cria suas ferramentas de análise e de otimização para a tomada de decisões relacionadas a projetos de espaços urbanos. Seus modelos paramétricos permitem a avaliação de métricas relacionadas a conceitos do urbanismo sustentável como densidade, diversidade de usos, caminhabilidade e mobilidade urbana, com base em medidas objetivas. Seus algoritmos são capazes de determinar localizações ótimas, minimizar percursos e maximizar o uso do espaço de maneira objetiva, fornecendo informações fundamentais para a construção e análise de cenários.

O livro Métricas Urbanas deixa claro que não há mais como ignorar os novos métodos de projeto e desenho urbano. Por outro lado, será que os urbanistas estão preparados para alterarem seus métodos? Seria uma atitude irresponsável projetar a cidade com base em suposições e dados não estruturados, em pleno século XXI? Afinal de contas, as cidades têm passado por transformações, influenciadas pelas tecnologias digitais, com aplicativos de mobilidade e de navegação, onde a aplicação de conhecimentos aprofundados e relevantes de arquitetura e urbanismo pode ser considerada pífia. Contudo, vivemos um momento de transição, em que predominam os métodos do urbanismo moderno e as tecnologias digitais são utilizadas, predominantemente, para gerar desenhos e mapas sem dados conectados e estruturados. As habilidades de programação e de modelagem paramétrica precisam fazer parte, a partir de agora e cada vez mais, da formação do arquiteto e urbanista. Este livro certamente irá contribuir para que isso aconteça.

Referências bibliográficas

ALEXANDER, C., ISHIKAWA, S., SILVERSTEIN, M. **A Pattern Language: Towns, Buildings, Construction**. Nova York: Oxford University Press, 1977.

ALTOON, R., AULD, J. **Urban Transformation: Transit Oriented Development and the Sustainable City.** Mulgrave: The Images Publishing Group, 2011.

BEIRÃO, J. **CItyMaker: Designing Grammars for Urban Design**. 2012. 272 f. Tese (Doutorado em Urbanismo) – Faculdade de Arquitetura, Delft University of Technology, Delft, 2012.

CALTHORPE, P. **The Next American Metropolis: Ecology, Community and the American Dream**. Nova York: Princeton Architectural Press, 1993.

CALTHORPE, P. Introduction. In DITTMAR, H. e OHLAND, G. (Org.). **The New Transit Town: Best Practices in Transit-Oriented Development**. Washington: Island Press, 2004.

CALTHORPE, P., FULTON, W. **The Regional City: Planning for the End of Sprawl**. Washington: Island Press, 2001.

CARR, L., DUNSIGEN, S., MARCUS, B. **Validation of Walk Score for estimating access to walkable amenities.** *British journal sports medicine*, v.45, p. 1144-1158, 2011.

CELANI, G. **Algorithmic Sustainable Design. Uma visão crítica do projeto generativo.** *Resenhas online*, ano 10, n. 116.03. 2011. Disponível em: http://www.vitruvius.com.br/revistas/read/resenhasonline/10.116/3995. Acesso em 10 de julho de 2019.

CELANI, G., CYPRIANO, D., DE GODOI, G., VAZ, C. **A gramática da forma como metodologia de análise e síntese em arquitetura**. *Conexão - comunicação e cultura* v.5, n. 10, p. 180-197, 2006.

CERVERO, R., KOCKELMAN, K. **Travel demand and the 3Ds: Density, diversity, and design**. *Transportation Research Part D: Transport and Environment*, n. 2, p. 199-219, 1997.

CHAKRABARTI, V. **A Country of Cities : A Manifesto for an Urban America**. Nova York: Metropolis Books, 2013.

CIAUD. **Measuring Urbanity : densities and urban performance of extensive urban fabrics. The Portuguese case.** Disponível em: http://ciaud.fa.utl.pt/index.php/pt/?id=533. Acesso em 10 de julho de 2019.

CORBELLA, O., BARBOSA, G. **Towards Sustainability: Urban Environmental Principles**. *In*: First International Conference in Sustainable Cities, Morelia, Mexico, 2009.

DANTZIG, G., SAATY, T. **Compact City: A plan for a liveable urban environment**. São Francisco: W. H. Freeman, 1973.

DOBESOVA, Z., KRIVKA, T. **Walkability Index in the Urban Planning: A Case Study in Olomouc City**. In: BURIAN, J. (Ed.). Advances in Spatial Planning. Rijeka: InTech, 2012. p. 179-196.

DITTMAR, H., OHLAND, G. (Org.). **The new transit town: Best practices in Transit-Oriented Development.** Washington: Island Press, 2004.

DITTMAR, H., POTICHA, S. Defining Transit-Oriented Development: The New Regional Building Block. In: DITTMAR, H. & OHLAND, G. (Org.) **The New Transit Town: Best Practices in Transit Oriented Development**. Washington: Island Press, 2004.

DUARTE, J., BEIRÃO, J., MONTENEGRO, N., GIL, J. **City Induction: A Model for Formulating, Generating, and Evaluating Urban Designs. In:** ARISONA, S., ASCHWANDEN, G., HALATSCH, J., WONKA, P. (Eds.). **Digital Urban Modeling and Simulation**. Berlin: Springer Berlin Heidelberg, 2012. p. 73-98.

FARR, D. **Urbanismo sustentável: Desenho urbano com a natureza**. Porto Alegre: Bookman, 2013.

FOOD4RHINO. **Disponível em: http://www.food4rhino.com/**. Acesso em 11 de jan. 2016.

FRANK, L., SCHMID, T., SALLIS, J., CHAPMAN, J., SAELENS, B. **Linking objectively measured physical activity with objectively measured urban form: findings from SMARTRAQ**. *American Journal of Preventive Medicine*, n. 28, p. 117 – 125, 2005.

GEHL, J. **Cidades para pessoas**. São Paulo: Perspectiva, 2013.

GIL, J., BEIRÃO, J., MONTENEGRO, N., DUARTE, J. **Assessing computational tools for urban design: Towards a "City Information Model"**. 28th eCAADe Conference Proceedings, ETH Zurich, Switzerland. 2010, p. 361-369.

GIL, J. **Urban Modality: Modelling and evaluating the sustainable mobility of urban areas in the city-region**. Tese (Doutorado em Urbanismo) – Faculdade de Arquitetura, Delft University of Technology, Delft. 2016.

GLAESER, E. **Os centros urbanos: a maior invenção da humanidade: como as cidades nos tornam mais ricos, inteligentes, saudáveis e felizes**. Rio de Janeiro: Elsevier, 2011.

GLOBAL FUEL ECONOMY. Disponível em: **http://www.globalfueleconomy.org/.** Acesso em: 10 de julho de 2019.

GRASSHOPPER3D. **Disponível em: http://www.grasshopper3d.com/**. Acesso em: 10 de julho de 2019.

GRUBER, T. **A translation approach to portable ontology specifications**. *Knowledge Acquisition*, v. 5, n. 2, n.2, 199-220, 1993.

HENRIQUES, G. **TetraScript: sistema de aberturas responsivo para controlar a luz, de acordo com fatores externos e internos. 2013**. Tese (Doutorado em arquitetura) – Faculdade de Arquitetura, Universidade Técnica de Lisboa, Lisboa. 2013.

HENRIQUES, G., BUENO, E. **Geometrias Complexas e Desenho Paramétrico**. *DROPS* Ano 10, fevereiro de 2010. Disponível em: http://www.vitruvius.com.br/revistas/read/drops/10.030/2109. Acesso em: 10 de julho de 2019.

HILLIER, B., HANSON, J. **The social logic of space**. Cambridge: Cambridge University Press, 2005.

HILLIER, B., PENN, A., HANSON, J., GRAJEWSKI, T., XU, J. **Natural movement: or, configuration and attraction in urban pedestrian movement**. *Environment and Planning B: Planning and Design*, v. 20, n.2 , p. 29-66, 1993.

HUMAN TRANSIT. Disponível em: **http://www.humantransit.org**. Acesso em 10 de julho de 2019.

JACOBS, J. **Morte e vida de grandes cidades**. 3ª Edição. São Paulo: WMF Martins Fontes, 2011.

JUNDIAÍ (cidade). Secretaria de Planejamento e Meio Ambiente. **Urbanismo Caminhável Jundiaí – Centro: Índice de Caminhabilidade**. Jundiaí: Prefeitura de Jundiaí, 2015.

KHABAZI, Z. **Generative Algorithms using Grasshopper**. Disponível em: files.na.mcneel.com/misc/Generative%20Algorithms%20v2.zip. Acesso em: 10 de julho de 2019.

KILKELLY, M. **5 razões para arquitetos aprenderem programação**. Disponível em: http://www.archdaily.com.br/br/764687/5-razoes-de-porque-os-arquitetos-devem-aprender-a-programar-softwares. Acesso em 10 de julho de 2019.

KOLAREVIC, B. **Architecture in the Digital Age: Design and Manufacturing**. Londres: Taylor & Francis Group, 2005.

LEITE, C., AWAD, J. **Cidades sustentáveis cidades inteligentes: Desenvolvimento sustentável num planeta urbano**. Porto Alegre: Bookman, 2012.

LIMA, F., KÓS, J., PARAIZO, R. **Algorithmic approach toward Transit-Oriented Development neighborhoods: (Para)metric tools for evaluating and proposing rapid transit-based districts**. *International Journal of Architectural Computing*. v. 14, n. 2, p. 131–146, 2016.

____. **Algorithms-Aided Sustainable Urban Design: Geometric and Parametric Tools for Transit-Oriented Development**. In: AMORUSO, G. Ed. Handbook of Research on Visual Computing and Emerging Geometrical Design Tools. Hershey: IGI Global, 2016. 875-897.

LIMENA, M. **Cidades complexas no século XXI, ciência, técnica e arte**. *São Paulo em perspectiva*, v. 15 n. 3, 2001.

MENGES, A. **Instrumental Geometry. Architectural Design. Techniques and Technologies in Morphogenetic Design**. *Architectural Design*, v. 76, n. 2, p. 42-53, 2006.

MINSKY, M. **Semantic Information Processing**. Cambridge: MIT Press, 2003.

MITCHELL, W. **Computer-aided architectural design**. New Jersey: Petrocelli/Charter, 1977.

MITCHELL, W., McCULLOUGH, M. **Digital Design Media**. 2ª Edição. Nova York: Van Nostrand Reinhold, 1995.

MONTENEGRO, N. **CityPlan: Contributo para o desenvolvimento de uma metodologia e ferramenta computacional para apoio ao desenho urbano.** Tese (Doutorado em Urbanismo) – Faculdade de Arquitetura, Universidade de Lisboa, Lisboa. 2015.

MONTEZUMA, R. **The transformation of Bogota, Colombia, 1995–2000: Investing in citizenship and urban mobility**. *Global Urban Development Magazine*, v. 1, n. 1, p. 1-10, 2005.

NOURIAN, P Configurbanist. Disponível em: https://sites.google.com/site/pirouznourian/configurbanist. Acesso em: 15 de julho de 2019.

NOURIAN, P., REZVANI, S., SARIYILDIZ, S., VAN DER HOEVEN, F. **Configurbanist: Urban Configuration Analysis for Walking and Cycling via Easiest Paths.** In: 33rd eCAADe CONFERENCE, 2015. Anais da 33º Conferência eCAADe. Vienna: Universidade Técnica de Viena,2015. p. 553-564.

OGRA, A., NDBELE, R. **The role of 6ds in transit-oriented development (TOD).** in: Bahga, S. and Singla, A., Proceedings of the Neo-International Conference on Habitable Environments, Jalandhar: CreateSpace, 2014. P. 535-542.

ORGANIZAÇÃO DAS NAÇÕES UNIDAS. **World Urbanization Prospects**. Nova York: United Nations, 2014.

ORGANIZAÇÃO MUNDIAL DE SAÚDE. Disponível em: https://www.who.int/phe/health_topics/outdoorair/databases/cities-2014/en/. Acesso em: 17 de julho de 2019.

OXMAN, R. **Theory and design in the first digital age**. *Design Studies*, v. 27, p. 229-265, 2005.

PANERAI, P., CASTEX, J., DEPAULE, J. **Formas urbanas: a dissolução da quadra**. Porto Alegre: Bookman, 2013.

PERULLI, P. **Visões da Cidade: As Formas do Mundo Espacial**. São Paulo: Ed. Senac SP, 2012.

PICON, A. Foreword. In TERZIDIS, K. **Algorithmic Architecture**. Nova York: Routledge, 2006.

PINHEIRO, J. **Prova de Conceito no Projeto de Redes de Computadores**. Disponível em: https://www.projetoderedes.com.br/artigos/artigo_prova_de_conceito_no_projeto_de_redes.php. Acesso em: 06 de Agosto de 2019

PONT, M., HAUPT, P. **Spacematrix: Space, Density and Urban Form**. Rotterdam: nai010 Publishers, 2010.

PUSHKAREV, B., ZUPAN, J. **Public transportation and land use policy**. Bloomington: Indiana University Press, 1977.

RECONECTING AMERICA. **Why transit-oriented development and why now?**

Disponível em: http://www.reconnectingamerica.org/. Acesso em: 16 de julho de 2019.

REZENDE, F., ALMEIDA, R., NOBRE, F. **Diagramas de Voronoi para a definição de áreas de abrangência de hospitais públicos no Município do Rio de Janeiro**. *Cadernos de Saúde Pública*, v. 16, p. 467-475, 2000.

ROGERS, R. **Cidades para um pequeno planeta.** São Paulo: Gustavo Gili, 2016.

SALINGAROS, N. **Twelve lectures on architecture: Algorithmic sustainable design**. Solingen: Umbau-Verlag, 2010.

SÃO PAULO (cidade). Secretaria Municipal de Desenvolvimento Urbano. **Plano Diretor Estratégico do Município de São Paulo - Lei nº 16.050, de 31 de julho de 2014 - Estratégias ilustradas**. São Paulo: Prefeitura de São Paulo, 2014. 76p.

SAURO, J. **7 Methods for Discovering Usability Problems.** In: http://www.measuringu.com/blog/discovering-problems.php. Acesso em 16 de julho de 2019.

SCHEER, D. **The death of drawing: Architecture in the age of Simulation**. Nova York: Routledge, 2014.

SILVA, R. **Urbanismo paramétrico: parametrizando urbanidade**. Recife: Editora UFPE, 2010.

SILVA, R., AMORIM, L. **Urbanismo paramétrico: emergência, limites e perspectivas de nova corrente de desenho urbano fundamentada em sistemas de desenho paramétrico**. In: *V!RUS*. n. 3. Disponível em: http://www.nomads.usp. br/virus/virus03/submitted/layout.php?item=2. Acesso em 16 de julho de 2019.

SMART GROWTH TULSA. Disponível em: https://www.smartgrowthtulsaarchive.com/. Acesso em: 16 de julho de 2019.

STEINØ, N. **Parametric thinking in urban design – a geometric approach.** In: Amar Bennadji et al. (eds.): CAAD | CITIES | SUSTAINABILITY: 5th International Conference Proceedings of the Arab Society for Computer Aided Architectural Design, October 19-21, 2010, National School of Architecture. Aberdeen: Robert Gordon University, 2010. p. 261-270.

STEINØ, N., VEIRUM, N. A **Parametric Approach to Urban Design**. In: 23º International Conference Education and Research in Computer Aided Architectural Design in Europe, eCAADe: Lisboa, Universidade Técnica de Lisboa, 2005. 679-686.

STINY, G., GIPS, J. **Shape grammars and the generative specification of painting and sculpture**. In: FREIMAN. C (ed.) Information Processing 71. Amsterdam: North-Holland Publishing Company, 1972. p. 1460–1465.

STUCHI, R. & LEITE, C. **Plano de desenvolvimento urbano estratégico de Nova Friburgo 2050**. Disponível em: www.stuchileite.com. Acesso em 22 Julho de 2019.

SUZUKI, H., CERVERO, R., IUCHI, K. **Transforming Cities with Transit: Transit and Land-Use Integration for Sustainable Urban Development**. Washington: World Bank Publications, 2013.

TEDESCHI, A. **Algorithms-aided design: parametric strategies using grasshopper**. Brienza: Le Penseur, 2014.

TERZIDIS, K. **Algorithmic architecture**. Nova York: Routledge, 2016.

TRANSIT COOPERATIVE RESEARCH PROGRAM. **Transit-Oriented Development in the United States: Experiences, Challenges, and Prospects**. Disponível em: https://www.valleymetro.org/sites/default/files/legacy-images/uploads/general_publications/TCRP-Report-102_TOD-in-the-US-Experiences-Challenges-and-Prospects_10-04.pdf. Acesso em 22 de Julho de 2019.

VALE, D. **Transit-oriented development, integration of land use and transport, and pedestrian accessibility: Combining node-place model with pedestrian shed ratio to evaluate and classify station areas in Lisbon**. *Journal of Transport Geography*. v. 45, p. 70-80, 2015.

VAN DEN HOEK, J. **The MXI (Mixed use Index). An instrument for anti-sprawl policy?** *In*: Proceedings of the 44th ISOCARP congress. Haia: ISOCARP, 2008.

VELTEN, K. **Mathematical modeling and simulation: Introduction for scientists and engineers**. Weinheim: Wiley-VCH, 2009.

VEREBES, T (ed.) **Masterplanning: the adaptive city**. Nova York: Routledge, 2013.

VIRZI, R. **Refining the test phase of usability evaluation: How many subjects is enough?** *Human Factors*, v. 34, n. 4, p. 457-471, 1992.

WALKSCORE. **Walkscore methodology**. Disponível em: https://www.walkscore.com/methodology.shtml. Acesso em 23 de julho de 2019.

WOODBURY, R. **Elements of parametric design**. Nova York: Routledge, 2010.

ZACHARIAS, J. **Pedestrian Behavior and Perception in the Urban Walking Environments**. *Journal of Planning Literature*, Vol. 16 No 1 p. 3-18, 2001.

ZAMPIERI, F. **Modelo Estimativo de Pedestres Baseado em Sintaxe Espacial, Medidas de Desempenho e Redes Neurais Artificiais**. Dissertação (Mestrado em Planejamento urbano e regional) – Programa de Pós-Graduação em Planejamento Urbano e Regional, Universidade Federal do Rio Grande do Sul, Porto Alegre. 2006.

Índice Remissivo

Sobre a ProBooks Editora

A ProBooks é uma editora que nasceu em 2008, a partir da produção de conteúdos didáticos para os cursos do TI Lab, centro de treinamentos especializado em BIM localizado em São Paulo.

Nosso foco é editar e publicar conteúdos ligados à tecnologia e desenho digital para arquitetura, engenharia e design.

No portfolio da ProBooks estão, entre outros, os guias de uso de softwares **ARCHICAD passo a passo – volumes I** e **II**, **Vectorworks passo a passo**, **Revit passo a passo – volume I** e **SketchUp Pro 2013 passo a passo**; este último tem traduções para o inglês e o espanhol.

Em 2016, a editora publicou **O Pequeno Grande Guia de Aprovação de Projetos de Prefeitura**, para estudantes e arquitetos em início de carreira, e o livro **101 Conceitos de Arquitetura e Urbanismo na Era Digital**, obra de referência para todos os que se interessam por uso de computação em projetos.

Em 2017, foi lançado o livro **Arquitetura contemporânea e automação: prática e reflexão**, com ensaios e entrevistas sobre a aplicação de técnicas computacionais de automação na fase de concepção de projetos de Arquitetura.

Confira todos os livros da ProBooks no site *http://www.probooks.com.br*.

Primeira edição impressa em 2019, na gráfica **psi7**, em São Paulo, SP, Brasil.

Desenvolvido em Adobe InDesign, com fontes das famílias Myriad Pro e Syntax (capas) e Consolas, Georgia e Trebuchet MS (miolo).

www.ingramcontent.com/pod-product-compliance
Ingram Content Group UK Ltd.
Pitfield, Milton Keynes, MK11 3LW, UK
UKHW061827190726
13853UKWH00009B/2475